तुम्हारे बारे में...

(न कहानी, न कविता)

तुम्हारे बारे में...

मानव कौल

हिन्द युग्म

ISBN: 978-93-87464-30-8

प्रकाशक :
हिन्द-युग्म
सी-31, सेक्टर-20, नोएडा (उ.प्र.)-201301
फ़ोन- +91-120-4374046

मुद्रक : थॉमसन प्रेस
डिज़ाइन : सौमित्र सिंह
लेखक की तस्वीर : सुगंधा गर्ग

पहला संस्करण : दिसंबर 2018
ग्यारहवाँ संस्करण : मई 2026

मूल्य : ₹249

Tumhare Baare Mein
by *Manav Kaul*

Published By
Hind Yugm
C-31, Sector-20, Noida (UP)-201301
Phone- +91-120-4374046
Email- sampadak@hindyugm.com
Website- www.hindyugm.com

First Edition: Dec 2018
Eleventh Edition: May 2026
Price: ₹249

क्या तुमने कभी देखा है ख़ुद को पढ़ते हुए?
मैंने उस दृश्य को लिखा है तुम्हारे लिए...

मेरे निज में तुम्हारा प्रवेश

मैं बहुत पहले एक लड़के को जानता था जो एक तस्वीर बनाने के ख़्वाब देखा करता था। उस तस्वीर में वह ख़ुद को चिड़िया की तरह बनाना चाहता था पर हमेशा उससे पतंग बन जाती। वह पतंग बनाकर रुक जाता। फिर वह धीरे-धीरे उस उड़ती हुई पतंग का धागा ड्रॉ करता। अंत में वह धागा किसी के हाथ में होगा इस बात पर उसका ब्रश रुक जाता। वह उस तस्वीर को फाड़ता और फिर दूसरी तस्वीर बनाना शुरू करता। पर हर बार इस बात के जवाब पर चित्र रुक जाता कि उसकी पतंग का धागा किसके हाथ में है? क्यों वह चिड़िया नहीं हो पाया? पतंग होना क्या मुक्त उड़ने से समझौता है? उसने वह आदमी कभी नहीं बनाया जिसके हाथ में उसकी पतंग का धागा हो सकता है। वह लगातार कैनवास पर कैनवास फाड़ता रहा। समझौता, यह शब्द उसकी चौखट कभी लाँघ नहीं पाया। फिर बहुत वक़्त के बाद, एक प्रयास में पतंग का धागा टूट गया और पहली बार उसे अपनी पेंटिंग पूरी होती हुई दिखी। उसने टूटने को, छोड़ देने से पकड़ा। छोड़ देने में, मृत्यु-सी मुक्तता थी।

कठिन से आसान की तरफ़ बढ़ना एक सामान्य प्रक्रिया है—किसी भी कला में। मैं अपने इस लिखे को उस प्रक्रिया के बहुत क़रीब पाता हूँ।

...

मुझे सपने बहुत आते हैं—ढेरों सपने। सुबह उठकर कुछ याद रह जाते हैं और कुछ हमेशा के लिए रात के अँधेरे में ग़ायब हो चुके होते हैं। जो सपने याद रह जाते हैं, सुबह की शांति में उन्हें वापिस दुहराने में एक आवाज़ रहती है। यह आवाज़ मेरी नहीं है। यह उसकी है जो दिन भर मुझे सपने सुनाता है। मैं हर बार इस आवाज़ से पूछता हूँ, "जो सपने याद नहीं रहे, क्या मैंने वे सपने देखे थे?" इस तरह के सवाल अधिकतर मैं लंबी यात्राओं या लंबी ख़ामोशी के दौरान पूछता हूँ। उस आवाज़ का जवाब होता है, "कुछ धुँधले चित्र याद हैं, उन सपनों के मुझे। तुम सुनना चाहोगे?" हम दोनों को पता है कि यह झूठ है। हमें कुछ याद नहीं, पर उसे पता है कि पहाड़ों में धुँध मुझे कितनी पसंद है। सब साफ़ दिखने से कम दिखना कितना कुछ देता है! बहुत बोलने से चुप कितना कुछ कहता है! हम एक जगह चुनते हैं, जहाँ बैठे रहने का सुख है, और वह खोया हुआ सपना सुनाता है।

क्या जो हमें याद नहीं है, वह हमने जिया ही नहीं है?

...

माँ हमेशा मुझे मेरे बचपन की बातें बताती हैं। माँओं को सब याद रहता है। वह क़िस्से ऐसे सुनाती हैं, मानो कल ही की बात हो। उनके क़िस्सों में खोए हुए बेटे की टीस है। मैं सारे क़िस्से बड़े चाव से सुनता हूँ। उन क़िस्सों के बाद हम बहुत देर तक प्रेम महसूस करते हैं। वह अपने क़िस्सों से मुझे छूती हैं और पा लेती हैं। मुझे उन क़िस्सों में, मैं याद नहीं हूँ, पर मुझे हमेशा जगहें याद रह जाती हैं। ऐसे जैसे मैं कल तक वहीं रह रहा था। घर की दरारें, बारिश में खिड़कियों की नमी, पड़ोस से आती दाल में तड़के की ख़ुशबू, मोहल्ले के तारों में

अटकी हुए पतंग, सारा कुछ मैं आज भी चख सकता हूँ। पर उन जगहों से लोग ग़ायब हैं। मैं भी वहाँ नहीं हूँ, बस एक आवाज़ है जो मेरी नहीं है। यह वह आवाज़ है जो कहती है कि गली के मोड़ पर मोहन तुम्हें दिखेगा और मोहन मुझे देखने लगता है, जबकि मोहन कभी था ही नहीं। वह सारी जगह जो मेरे शरीर से चिपकी हुई है, वह मोहन को मेरे खोए हुए सपनों से खींचकर सामने खड़ा कर देती है। जबकि खोए हुए सपने कभी थे ही नहीं। तभी मैं काग़ज़ और क़लम उठाता हूँ। मोड़ पर खड़े मोहन को लिखता हूँ और वह मुहल्ले के तारों पर अटकी पतंग की बात करता है।

अभी कुछ वक़्त से, इन सारे प्रयासों और प्रयोगों में लगने लगा था कि मैं छू नहीं पा रहा हूँ वह जो असल में वहाँ है। मैं हर चीज़ का झूठ बटोरने में लगा हूँ। जो जैसा है, उसे वैसा का वैसा जीना मेरे बस के बाहर होता जा रहा है। मैं उन लोगों को देख रहा था, उनसे देर तक संवाद कर रहा था, जो असल में वहाँ थे ही नहीं।

...

मैं उस आदमी से दूर भागना चाह रहा था जो लिखता था। बहुत सोच-विचार के बाद एक दिन मैंने उस आदमी को विदा कहा जिसकी आवाज़ मुझे ख़ालीपन में ख़ाली नहीं रहने दे रही थी। मैंने लिखना बंद कर दिया। क़रीब तीन साल कुछ नहीं लिखा। इस बीच यात्राओं में वह आदमी कभी-कभी मेरे बग़ल में आकर बैठ जाता। मैं उसे अनदेखा करके वहाँ से चल देता। कभी लंबी यात्राओं में उसकी आहट मुझे आती रही, पर मैं ज़िद में था कि मैं इस झूठ से दूर रहना चाहता हूँ। इस बीच लगातार मेरे पास फ़ोन था, जिससे मैं यात्राओं में तस्वीरें खींचता रहा। फिर किसी बच्चे की तरह यहाँ-वहाँ देखकर कि कहीं वह आदमी आस-पास तो नहीं है? मैं अपने फ़ोन में नोट्स खोलता और ठीक उस वक़्त का जो भी महसूस हो रहा है, जिसे मैं छू भी सकता हूँ, दर्ज कर लेता। इन दस्तावेज़ों को उस वक़्त खींची तस्वीरों

के साथ इंस्टाग्राम पर पोस्ट कर देता। मानो अंतरिक्ष में संदेश छोड़ा हो। शायद मैं इस तरह का लिखना बहुत समय से तलाश रहा था, जो न कविता है, न कहानी है, वह बस उस वक़्त की सघनता का एक चित्र है जिसमें पतंग बिना धागे के उड़ रही है।

इस किताब में यात्राएँ हैं, नाटकों को बनाने का मुक्त अकेलापन है, कहानियाँ हैं, मौन में बातें हैं, इंस्टाग्राम की लिखाई है और लिखने की अलग-अलग अवस्थाएँ हैं। एक तरीक़े का बाँध था, जिसका पानी कई सालों से जमा हो रहा था। इस किताब में मैंने वह बाँध तोड़ दिया है।

मानव कौल

इस घर की चाबियाँ

मैं अब वैसा नहीं रह गया हूँ, जैसा तुमने मुझे छोड़ा था। मैं वहीं हूँ, पर उस पगडंडी पर अब डामर की सड़क बिछ गई है। आस-पास का सारा हरा स्याह हो गया है। लगातार गिरने का डर बना रहता है, सो मेरी जड़ें निकल आई हैं। पर जहाँ हम मिला करते थे, वे कुछ जगहें अब भी हरी हैं। तेज़ धूप में जब भी उन छायाओं से गुज़रता हूँ तो हिचकी आ जाती है।

क्या तुम कभी प्राग गई हो ? अगर जाओ तो वहाँ काफ़्का की क़ब्र पर ज़रूर जाना और वहाँ सुनना उस ख़ामोशी को जो बहुत थककर चूर हो जाने से, गहरी नींद के बाद बिस्तर की सलवटों में रह जाती है। वहाँ सपने नहीं हैं, वहाँ बस एक ठंडी चुप है। तुम उस क़ब्र पर कुछ छोड़ आना।

सुना है छूटी हुई चीज़ों की जड़ें उग आती हैं!

तुम कहना कि सारा कुछ एक दिन बदल जाएगा और मैं मान लूँगा। फिर कहना कि उस सारे बदलाव के बावजूद आसमान गहरे नीले रंग का ही होगा और उसमें सफ़ेद बादलों में हमें अपनों का चेहरा कभी भी दिख जाएगा, जिन्हें हम खो चुके हैं। क्या तुम कह पाओगी कि हर खो जाने को हम पा लेने से बदल सकेंगे?

जब कुछ बहुत बुरा अपने चरम पर घट रहा होगा, क्या तब तुम सिरहाने आकर अपने कोमल हाथ माथे पर फेरकर जगा दोगी?

क्यों हम किसी के खो जाने के ठीक पहले तक उसे बता नहीं पाते कि हम उन्हें कभी खोना नहीं चाहते!

अगर हम सब क्षणिक हैं तो तुम जीवन हो! क्या कभी मिलोगी नहीं, इस घड़ी के बंद होने से पहले?

क्या यह अंत है? बहुत दूर जा चुकी हो। सुनो, तुम रुक जाना कहीं पर, पर यह न कहना कि थक गई हो... कहना कि तेज़ धूप में मैं छाया तलाशना चाहती हूँ। मैं कहानी के उस हिस्से में फँसा हुआ हूँ, जहाँ ख़ाली घर में धूप घुस आई है और मेरे हाथों में झाडू है। तुम छाया की तलाश में बरगद चुनना और सुनना देर तक मेरे झाडू से धूप बुहारने के क़िस्से को। मुझे पता है कि तुम्हें बहुत हँसी आएगी, पर हमारी कहानी का अंत किसी बरगद की छाया में पल रही दरगाह में है।

सुनो तुम छाया मत तलाशना, तुम दरगाह ढूँढ़ना... वहाँ तुम्हें छाया, बरगद और कहानी का अंत ख़ुद ही पड़ा मिलेगा।

इस गहरी रात में आज कुछ बेहद नीरस है, जैसे तुम्हारे शरीर के वे बारह तिल। बारह तिल, बारह महीनों की तरह मुट्ठी में दबोची रेत से रिसते चले जाते थे। मैं हर बार साल बचाने की छिछली कोशिश करता हूँ। मैं उस कोशिश में मुट्ठी और ज़ोर से बाँधता था। पर फिर भी दो उँगलियों के बीच से हर माह हँसता हुआ फिसल जाता था। साल ख़त्म होने पर अपनी ख़ाली मुट्ठी खोलता था, तो ग्यारह तिल छूट चुके होते थे, पर एक दिसंबर हथेली की रेखाओं में कहीं फँसा रह जाता था। वह आख़िरी तिल हर बार अपने पूरे साल से छिटककर चिपका रह जाता था हथेलियों पर।

तुम्हें याद है न, वह दिल्ली में दिसंबर की ठंड थी, तुमने मफ़लर पहना हुआ था और हमने आख़िरी बार गले लगकर एक-दूसरे को विदा कहा था? उस धुँध में तुम्हारे मफ़लर से झाँकता हुआ, तुम्हारी गर्दन पर बैठा वह दिसंबर का तिल! तुम्हारे चले जाने के बाद, रह गया था मेरे पास। साल आसानी से ख़त्म हो जाते हैं, पर दिसंबर हाथ नहीं छोड़ता है। आज भी।

वह ख़ुश थी, क्योंकि वे बाज़ार से दूर अकेले में जैसे-तैसे निकल आए थे। वह रात का वक़्त था, उसे तारे बहुत दूर लग रहे थे, क्योंकि वह उस लड़के के बहुत पास थी। वह सोचने लगी कि बाज़ार किस क़दर हमारे बीच घुस आया था, इसे लाँघ पाना नामुमकिन लग रहा था।

वह ख़ुशी से काँप रही थी। तभी लड़के ने कहा कि क्या हम इस तरह जी सकते हैं कि हमारा आज का जीना ठंड के दिनों में काम आए, जब हम लोग काँप रहे होंगे?

वह 'अभी' काँप रही थी। यह उसे नहीं दिखा। वह डर गई। उसे लगा था कि वह बाज़ार तो कब का लाँघ चुकी थी फिर लड़के के पास से बाज़ार की बदबू क्यों आ रही है? वह तो अभी भी बाज़ार में ही है, वह तो उसके साथ यहाँ आया ही नहीं। वह मुस्कुरा दी और उसका काँपना बंद हो गया।

"चलो कुछ लकड़ियाँ बीन लेते हैं।" लड़की ने कहा।

"लकड़ियाँ क्यों?" लड़के ने पूछा।

"मुझे कुछ जलाना है।" यह कहकर वह तारों को देखने लगी जो अब उसके कुछ ज़्यादा ही पास खिसक आए थे।

इसके बाद बहुत धीरे-धीरे दोनों ने एक-दूसरे को मरते हुए देखा... फिर जलते हुए। जब जलते हुए की आँच चुभने लगी तो वे दोनों पलट गए और अपने-अपने रास्ते पर दूर निकल गए।

कई साल बाद बची रह गई बेचैनी का पानी लिए राख बुझाने पहुँचे तो एक-दूसरे से आँखें नहीं मिला पाए। जो मर चुका है, वह कितना आसान है, पर उन बची हुई हड्डियों का क्या जो राख में अभी भी गर्म हैं?

...

बात बस इतनी-सी थी कि वह दरवाज़े पर थी और मैं इस तरफ़ उसके इंतज़ार में। हम दोनों ही ख़्वाब देखने के आदी थे। एक-दूसरे का ख़्वाब साथ रहकर नहीं देखा जा सकता था, सो हम इतना दूर हो जाते कि 'साथ थे' के निशान धुँधले पड़ जाते... फिर ख़्वाबों का सिलसिला शुरू होता। कुछ ख़ामोश जगहों पर वह मेरा नाम बुदबुदाती और मेरे ख़्वाबों में हिचकी-सी दस्तक होती। मुझे भीड़ में कहीं उसकी ख़ुशबू आती, एक लय शुरू होती, ख़्वाब को एक धुन मिलती और मन नाचने को होता। वह यहीं है—कहीं आस-पास। फिर कभी आँख खुलती तो मैं बहक जाता, यक़ीन शब्द अपना मानी खोता दिखता। क्या मैं अभी ख़्वाब देखकर उठा हूँ या असल में अभी ख़्वाब शुरू हुआ है?

इस खेल में दरवाज़े के उस तरफ़ हमेशा एक ख़्वाब बिना दस्तक दिए खड़ा रहता है। मेरा दरवाज़ा खोलना ख़्वाबों का अंत है और उसका भीतर आना किसी झूठ की शुरुआत।

देवदार के जंगलों में अपने ही पैरों की आहट सुनाई दे रही थी। इस जंगल में शाम हो चली थी, पूरे दिन की थकान शाम के सन्नाटे में गूँजने लगी थी। बहुत दूर किसी पेड़ की हलचल में मैं पलटता, कोई बहुत अपना दिख ज़ाता। इच्छा होती कि उसे अभी ख़त लिखकर बता दें कि तुम दिखी थी देवदार के घनेपन में। लिखने जाता, पर शब्द देवदार के सामने बौने जान पड़ते। अर्थ में उसके दिखने का अपनापन खो जाता। इन जंगलों में जिसकी भी आहट होती और जो भी अपना दिखता उसका सत्य, इन जंगलों के रहस्य में ही रहना चाहिए था। उन्हें बाहर लाते ही वे शहर में जंगली जानवरों की तरह बेचारे नज़र आते।

मैं तुम्हारा नाम लिखना चाहता था, पर मैंने लिखा—आशा—फिर तुम्हें ढूँढ़ना शुरू किया। तुम्हारा चित्र 'आशा' के भीतर ही कहीं था। 'आशा' मैंने धीरे से कहा, कहा नहीं, अपना लिखा हुआ पढ़ा—आशा।

दूर कत्थई रंग के कपड़ों में मुझे तुम आती हुई दिखाई दी। पास आते-आते उस कत्थई कपड़े में सूरजमुखी के बड़े-बड़े फूल उग आए थे—कुछ मुरझाए, कुछ खिले हुए। पूरा लैंडस्केप भी पीलापन लिए था। तुम्हारा आना किसी चीज़ के उड़ जाने-सा लग रहा था। तुम चल नहीं रही थी, तुम भाग रही थी। वह उड़ना चाहती है, पर ज़मीन में कहीं फँसी हुई है। मैंने फिर एक शब्द कहा—तितली—और तुम मेरे क़रीब आ गई।

"कहाँ गई थी?" मैंने पूछा।

"पानी खोजने।" तुमने पसीना पोंछते हुए जवाब दिया।

"पानी?"

"हाँ, पानी।"

"तो कहाँ है पानी?"

"मैंने पी लिया।" तुमने सहजता से कहा और आगे बढ़ गई।

मैं नहीं जानता कि उसे पता है या नहीं कि मैं उसका इंतज़ार कर रहा था। मैं पीछे हो लियाष कुछ देर चलने के बाद मैंने फिर एक शब्द कहा—निर्मल—और वह रुक गई। मैं भी प्यासा हूँ, यह कहने की हिम्मत मुझमें नहीं थी, सो मैंने पूछा, "कहाँ जा रही हो?"

"सामने पहाड़ों की तरफ़..."

और मुझे रेगिस्तान का छोर दिखने लगा। रेगिस्तान के छोर से पहाड़ों का विस्तार फैला हुआ था।

"तो पानी ढूँढ़ने तुम इस तरफ़ क्यों नहीं चली आई?"

"यह दिशा अलग है।"

"हाँ, पर जब तुम्हें यहाँ आना ही था तो इस तरफ़ ही चलती।"

"यह दिशा अलग है।"

मैंने दिशा कभी भी नहीं बदली थी। मेरे लिए बस एक दिशा थी जिसमें चलना था। उसी चाल में जो भी आता गया मैं बटोरता रहा। प्यास और पानी की अलग-अलग दिशाएँ कैसे हो सकती हैं? क्यों हों? मेरी कभी समझ में नहीं आया। प्यास की दिशा का रेगिस्तान से क्या संबंध है? तुम चुप मेरे सामने खड़ी थी। तुम शायद मेरा द्वंद्व पढ़ रही थी। मैं प्यासा था। मेरा कंठ सूख चुका था। मेरे सवाल नुकीले थे। मैं चुप रहा। उसकी आँखों में किसी एक शब्द की अपेक्षा थी।

प्रश्नवाचक चिह्न लिए किसी भी शब्द का निकलना असंभव था, सो मैंने एक शब्द कहा—पहाड़—और मुझे एक ख़ाली रास्ते पर एक अकेला पेड़ दिखा—देवदार।

हमारे बीच कभी भी नियम नहीं आए। हमारे बीच बहुत-सी ख़ाली जगह थी, जिसका सुख था। ख़ाली जगह चुंबक की तरह काम करती थी। वह हर बग़ल से गुज़र रही ज़िंदगी को अपने भीतर खींच लेती। हम कैसे जिएँगे की बातचीत नहीं थी, क्योंकि ख़ाली जगह किसे अपने भीतर खींच लेगी यह हमें भी नहीं पता था। हम जी लेते और फिर अपने ही जिए हुए से रश्क करने लगते। हमारे सामने बस एक रोशनी थी और हम दोनों उसे हाथ बढ़ाकर छूने की कोशिश करते थे। इस ख़ाली जगह की आदत में इतनी ज़्यादा ज़िंदगी की अभिलाषा पलने लगी कि हमने ख़ाली जगह के दायरे इतने बढ़ा दिए कि एक-दूसरे का दिखना ही बंद हो गया। मैंने मेरा एक सूत जीवन उसे दिया और उसने अपना एक चित्र मेरी दीवार पर टाँग दिया। अब हाथ बढ़ाकर रोशनी को छूने की ललक में उसकी ख़ुशबू आती है।

प्रेम को कितनी ही बार लिखने की कोशिश की है, पर ठीक प्रेम लिखने से हमेशा रह जाता हूँ। कई बार पूरा प्रेम लिख लेता हूँ और आख़िरी वाक्य पर अटक जाता हूँ—हर बार! हर बार लगता है कि वह एक वाक्य रह गया है कहीं, किसी के इंतज़ार में, किसी की वापसी की प्रतीक्षा में बाट जोहता-सा! वह एक वाक्य आता नहीं है कभी, उसके बदले आते हैं बहुत-से प्रेम सरीखे दिखने वाले वाक्य। इनके आते ही मैं पन्ना पलट देता हूँ। मैं पन्ना पलटकर लिखता हूँ—प्रेम जैसी कहानी में, प्रेम सरीखे वाक्य। असल में मैंने सारा कुछ जो लिखा है, वह प्रेम सरीखा लिखा है—ठीक प्रेम नहीं, क्योंकि ठीक प्रेम तो अभी भी कहीं-किसी चौखट पर खड़ा है, किसी के इंतज़ार में...

क्या तुम वहाँ हो अभी भी? किसी लंबी टनल के गहरे अँधियारे के दूसरे छोर पर वह जो हल्की-झिलमिल रोशनी-सी पहली बार तुम चमकी थी... रोशनी, तुम हो वहाँ? माँ ने कहा था कि रोशनी का एक नाम आशा भी है। मैं तुम्हें आशा पुकारने लगा। आशा, तुम हो वहाँ? मैं अभी भी उस गहरी अँधियारी टनल में हूँ, जहाँ हाथ को हाथ नहीं दिखता। तुम्हारे दूसरे छोर पर चमक जाने से ही मैं ख़ुद को देख पाता हूँ, सो तुम जिस रंग में दिखती हो, मैं उस रंग का हो जाता हूँ। पिछली बार सब लाल था—सुर्ख़ स्याह लाल, अभी हल्का नीला आकाश दिखने लगा है, क्या यह तुम हो यहाँ? मैं नीले आकाश में सफ़ेद बादल देख रहा हूँ, क्या तुम वह चील हो जो बादलों से अभी-अभी बाहर आई है? मेरे पास रोशनी है, आशा है, तुम्हारी आँखें लाल हैं और मेरा आकाश नीला है।

उसे देख पाऊँ के ठीक पहले मैं पलट गया था। फिर मुड़कर देखा तो वह वहाँ नहीं थी। वह जा चुकी थी। आज भी मैं कभी किसी मोड़ से गुज़रता हूँ तो अनजाने में ही सही, एक बार पलटकर ज़रूर देखता हूँ। उस जैसे कई बार दिख जाते हैं, पर उसके दिखने जैसा दिखना, किसी में नहीं है। शायद मैंने उसे तब भी नहीं देखा था। शायद मैं उसे कभी देख भी नहीं पाऊँगा, या शायद मुझे बस मेरे पलटने की अदा पसंद है। उसका दिखना या न दिखना महज़ एक बहाना है।

वे दोनों बहुत ही कम वक़्त के लिए मिले थे। दोनों अपने-अपने देश जाने को थे। लड़के की फ़्लाइट अनाउंस हो चुकी थी। उसने अपना सामान कंधे पर रख लिया था। एयरपोर्ट पर खड़े दोनों एक-दूसरे को देखकर मुस्कुरा रहे थे। कुछ माँगने के हक़ तक संबंध अभी पहुँचा नहीं था। लड़के ने जाते हुए कहा कि क्या मैं तुम्हें ख़त लिख सकता हूँ? लड़की मुस्कुराई और उसने कहा कि कल रात मैंने चोरी से अपना पता तुम्हारे बैग में डाल दिया था। लड़का सिर झुकाकर अपने आग्रह पर झेंप गया। लड़की ने आँखें मोड़ लीं—अपनी फ़्लाइट देखने के बहाने। वे बहुत कम वक़्त के लिए मिले थे, पर मिलते ही लगा था जैसे कोई कहानी हो जिसे दोनों ने एक साथ पढ़ना शुरू किया और यक़ीन नहीं हो रहा हो कि कहानी इतनी दिलचस्प कैसे हो सकती है! लड़के ने अपनी चाभियों से निकालकर की-चेन उस लड़की को दी और लड़की ने बदले में अपनी की-चेन उसे दे दी। दोनों अपनी-अपनी राह हो लिए। जितनी बार भी दोनों ने एक-दूसरे को पलटकर देखा था, दोनों ने एक-दूसरे की आँखों में नमी बढ़ती हुई महसूस की थी।

बहुत वक़्त तक अजीब-से ख़तों का इंतज़ार लड़की को बना रहा, जबकि उसने चोरी से अपना पता लड़के के बैग में कभी डाला ही नहीं था।

वह अगस्त का महीना था।

हम अँधेरी सड़कों के किनारे-किनारे अपने भविष्य की अनिश्चितता पर हर अगली सिगरेट सुलगा लेते। दोनों के मुँह से निकले धुएँ में भविष्य उतना डरावना नहीं लग रहा था। शायद तुमने उस वक़्त कहा था कि जब पैसे आएँगे न तो हम सबसे पहले किसी बड़े होटल में जाकर ख़ूब खाएँगे। इसके बाद बहुत देर तक हम, भविष्य में हमारे सामने रखी थाली को अलग-अलग पकवानों से सजाते रहे। उस अँधेरी गली के अगस्त महीने में हम कितने भूखे थे न और कितने तृप्त!

आजकल मैं फ़िट रहता हूँ, बहुत कम खाता हूँ। सच कहूँ, बहुत इच्छा होती है कि एक बार तुम्हें फ़ोन करूँ और पूछूँ कि क्या हम फिर से भविष्य में हमारे सामने रखी थाली की बातें कर सकते हैं, बस कुछ देर ही सही?

मगर सुना है कि तुमने सिगरेट पीना छोड़ दिया है... अरे!

हर बार कुछ नया तलाशने में अक्सर वह सोचती थी कि नया शायद वही होता है, जिसे वह जानती नहीं है। जैसे वह उसे जानती नहीं थी, और पाना चाहती थी। या शायद इसलिए पाना चाहती थी, क्योंकि उसे क़तई जानती नहीं थी! उसका यह सारा भटकना, धीरे-धीरे धँसते जाना, किसी मोड़ पर बहुत देर तक खड़े होकर ताकना, चलते-चलते रुकना, गहरे विस्मय के क्षणों में मुस्कुरा देना, चुप्पी को लिखना और कहे को गा देना... ये सब उस नए के अगल-बग़ल बने रहने के उसके बहाने भर थे। क्या वह मिलेगा उसे वहाँ—किसी पीपल, देवदार या बरगद की छाया में कहीं ?

तुमने मुझे प्रेम करना सिखाया है। मैं हमेशा तुम्हारे नाम के पहले ख़ुशबू कहता हूँ—शब्द नहीं, भाव में ख़ुशबू... क्योंकि हर मौसम में तुम बदल जाती हो। तुम ठीक बारिश नहीं होती हो, जब बिजली कौंध रही होती है। तुम बिजली के कौंधने में 'झलक'-सी नज़र आती हो। तुम्हारा दिखना भी शाब्दिक दिखना नहीं है, वह काश दिख जाने के भाव में तुम्हारा अचानक दिख जाना है। वह तुम ही हो यह भी ज़रूरी नहीं है, मैं तुम्हें उस ख़ुशबू से पहचानता हूँ, जो हमेशा बदल जाती है। इसलिए हर बार तुम्हारे नाम के पहले मैं एक गहरी साँस भीतर लेता हूँ और तुम्हारा नाम बदल जाता है।

वक़्त बीतते-बीतते निचोड़ता चलता है एक बाल्टी तुमको। बाहर आँगन में जो कपड़े सूख़ रहे हैं—मेरे पुराने कपड़े—वे तुम्हारी याद का पानी छोड़ने को तैयार नहीं हैं। कुछ पुराने कपड़े जो बड़ी कोशिशों के बाद सुखा चुका हूँ, वे भी बड़े ज़िद्दी निकले। वे इतनी धुलाई के बाद भी तुम्हारी ख़ुशबू को छोड़ने का नाम नहीं लेते। ग़ुस्से में आकर जब नए कपड़े पहनता हूँ, तो खुद को ही पराया लगता हूँ। थक-हारकर वापिस पुराने कपड़ों के पास जाता हूँ, तो वे शिकायत नहीं करते। वे मेरे शरीर पर कुछ इस तरह आकर गिरते हैं, मानो तुमने बहुत दिनों बाद मुझे गले लगाया हो।

मैं एक बाल्टी पानी में पुराने और नए दोनों कपड़ों को आजकल एक साथ गलाने डालता हूँ—इस आशा में कि काश दोनों अपना थोड़ा-थोड़ा रंग एक-दूसरे पर छोड़ दें, ताकि मैं परायों में अपना लगूँ और अपना थोड़ा पराया हो जाए।

"जो बीत गया, क्या वह ख़त्म हो जाता है?" लड़की ने उससे पूछा। पर वह सुन नहीं रहा था। वह सड़क पर भागती गाड़ियों के बीच किसी और के बारे में सोच रहा था। लड़की फिर से पूछने गई, पर उसे अचानक हँसी आने लगी।

"क्यों हँस रही हो?" लड़के ने पूछा।

"असल में कुछ भी ख़त्म नहीं होता, सारा बीता हुआ किसी एक के पास रह जाता है। जैसे किसी के मरने पर वह आज़ाद हो जाता है, पर जो बचा रह गया, वह दोनों का जिया हुआ ढो रहा होता है।" यह कहते ही वह हँसने लगी।

"मैं समझा नहीं!" लड़का आश्चर्य से देख रहा था।

"तुम नहीं समझोगे, क्योंकि तुम बहुत पहले मर चुके हो।" यह कहते ही लड़की मुस्कुराती हुई कै.फ़े का दरवाज़ा खोलकर चली गई।

लोग कहते हैं कि मैं आजकल बिल्कुल तुम्हारे जैसा दिखने लगा हूँ। यह सुनते ही मैं देर तक आईने के सामने खड़ा रहा और फिर सोचा... मतलब तुम इस वक़्त जैसी दिखती हो वैसा या तुम जैसी दिखा करती थी वैसा?

यह सवाल जब बहुत ज़्यादा सताने लगा तो तुम्हारी तलाश निश्चित की। बहुत वक़्त बाद तुम दिखी। मैं अवाक्–सा तुम्हें ताकता रह गया। 'जर्जर', यह शब्द तुम थी और तब मैंने ख़ुद को पहली बार बहुत बूढ़ा महसूस किया।

कितने साल बीत जाते हैं न, यह सोचते हुए कि बस कुछ वक़्त बाद सब सही होगा, पर असल में सब सही कभी नहीं होता है। हमेशा एक टीस रह जाती है और वक़्त बीत जाने का पता ही तब चलता है, जब हम अपने आईने को छोड़कर किसी दूसरे में ख़ुद को देखते हैं—पहली बार!

बहुत-सी शिकायतें थीं तुमसे। हर बार तुमसे मिलने के पहले सारी शिकायतों को तरतीब से जमाता था। ताश की बनी इमारत की तरह। फिर ताश की बनी इमारत के पीछे छिपकर तुम्हारे आने का इंतज़ार करता। 'तुम हमेशा देर से आती हो' इस नाम के जोकर को मैंने इस बार इमारत में शामिल नहीं किया था। वह जोकर मेरे हाथ में था। जब काफ़ी देर होने लगी तो थोड़ा ग़ुस्से में मैं उस जोकर को अपनी उँगलियों में घुमाने लगा। ग़ुस्से में दिखना बंद हो जाता है। कब तुम सामने आकर बैठ गईं पता नहीं चला। मेरा जोकर हँसा और सारी शिकायतों की इमारत, तुम्हें देखते ही ढह गई।

तभी मेरी निग़ाह तुम्हारी उँगलियों पर गई। तुम्हारी उँगलियाँ, 'तुम हमेशा जल्दी क्यों आते हो' इस नाम के जोकर से खेल रही थीं। मैंने उसे घड़ी दिखाई और उसने मुझे। मेरी घड़ी में वह कुछ देर से आई थी और उसके वक़्त के हिसाब से वह सही समय पर थी। हम मुस्कुरा रहे थे।

जब भी हम मिलते लगता कि हम दोनों के लिए सब कुछ कितना नया है। हम दोनों कॉफ़ी पर बहुत देर तक अपने क़िस्से सुनते-सुनाते रहे। कुछ ही देर में हम दोनों के पास से किताबों-सी ख़ुशबू आने लगी थी।

जाने कितने चौराहों पर हम बड़ी देर साँस रोके खड़े रहे थे कि किस तरफ़ चलें? कई बार ठीक ही लगता है कि हमने वे चौराहे पार कर लिए हैं! कम से कम 'क्या करोगे जीवन में' जैसे घटिया सवालों से तो पिंड छूटा। ऐसे बहुत से जानलेवा सवालों का जवाब देते-देते हमने जाने कब उन पगडंडियों पर डामर की सड़क चढ़ा दी और आगे बढ़ गए, पर हम भूले नहीं कि उन पगडंडियों के अंतिम छोर पर वह रहा करती थी। उसके घर की पगडंडी से मिलती-जुलती कोई भी राह दिखती है तो सब कुछ ठहर जाता है। ठीक वह याद नहीं आती। याद आता है वह पानवाला जिसकी दुकान से उसके घर की खिड़की दिखती थी, वह बच्चा जो बहुत मनाने के बाद उस तक ख़त पहुँचाया करता था, वह झाड़ूवाला जिसकी शिकायत पर उसके भाई ने बहुत मारा था और याद आती है वह ख़ुशबू जो उस गली से उठती थी... जब-जब वह गुज़रा करती थी।

***

"A cage went in search of a bird..."

काफ़्का के घर की खोज में दूर से उसके सुर सुनाई दे रहे थे। इच्छा हुई कि पूछ लूँ, "कहाँ रहता था वह?" पर मुझे लगा वह मेरे आस-पास ही है। मैं अचानक उसके सामने होऊँगा और वह कहेगा, "जो चाह रहे थे वो लिखा?"

मैं देर तक उसे मेरा कीड़ा होते रहना दिखाऊँगा। कितने सालों से मैं उसे दूर से सुन रहा था! फिर कहूँगा कि मैं भटक रहा था। असल में तुमसे मिलने की उत्सुकता ने 'तुमसे मिलना' भटका दिया था। मैं खड़ा रहूँगा उसके सामने देर तक—इस इंतज़ार में कि वह कहेगा ऐसा कुछ जिसमें शब्द नहीं सुर होंगे। उसके सुरों में मैं उसे फिर एक बार बदलते हुए देखूँगा। क्या वह मुझे दिखेगा?

मैंने ख़ुद को वहाँ खड़ा पाया जहाँ काफ़्का कभी रहा था। मैं देखते ही पहचान गया। यह घर सालों मेरे लैपटॉप का स्क्रीन सेवर था। पर काफ़्का वहाँ नहीं था। मैं उस छोटे-से दरवाज़े से कई बार बाहर-भीतर हुआ पर उसे छू न सका। हममें से कोई भी वहाँ नहीं रहा था, जहाँ आख़िरी बार देखा गया था। हम सबने अपनी जगहें लगातार बदली हैं, जैसे हम अपने घर में भी नहीं रहते हैं, हम हमेशा घर के एक कोने में रहते हैं, जहाँ हम ख़ुद को सबसे ज़्यादा सहज और महफ़ूज़ पाते हैं और वो कोना भी लगातार बदलता रहता है। काफ़्का, प्राग के किस कोने में मिलेगा मैं नहीं जानता, पर वह कहीं आस-पास ही है। मैं उसे सुन सकता हूँ।

काफ़्का को खोजने में मैं Cafe Montmartre और Cafe Louvre में घंटों कॉफ़ी चखता रहा। ऐसा कहते हैं कि यहाँ काफ़्का बहुत आता था। मैं बीयर, वाइन और सिगरेट के धुएँ के बीच प्राग की सड़कें नापता रहा। काफ़्का कहीं पकड़ में नहीं आया। प्राग को मैं काफ़्का के कारण जानता हूँ, पर मैं क्यों चाहता हूँ कि वह सुनाई दे जाए कहीं? मैंने अपने बहुत कठिन दिनों में अपने छोटे-से किराये के कमरे में उसे कितना पढ़ा था! तब पहली बार 'कठिन' शब्द से समझौता हो गया था। अभी प्राग के चौराहे पर खड़े हुए 'वे दिन' (निर्मल वर्मा) बहुत क़रीब नज़र आ रहे हैं। मैं किसी वीराने में जाना चाह रहा था।

मैं शहर से दूर काफ़्का की क़ब्रगाह पर पहुँच गया। जहाँ एक वीराने में, बहुत सारी क़ब्रों के बीच उसकी क़ब्र थी। ज्यों ही उसका नाम मैंने पढ़ा, मैं स्तब्ध वहीं खड़ा रह गया। मैंने अपने घुटने टेक दिए। आँखें बंद कर लीं और चुप उसे सुनने की कोशिश करने लगा। पर उसने कुछ नहीं कहा। जब बहुत देर कुछ सुनाई नहीं दिया तो मैंने आँखें खोल दीं। अचानक मुझे एक लड़की के बालों की क्लिप दिखी जो वह काफ़्का की क़ब्र पर छोड़ गई थी। आह! इसमें कितनी ख़ूबसूरत कहानी छिपी है। तभी मैं मुस्कुराने लगा। काफ़्का मुझे लिखे में मिलेगा। All I am is literature, and I am not able or willing to be anything else.

...

अपनी भाषा के परे कहीं दूसरी भाषा में ख़ुद को देखना।

2010-11 मैं लिंकन सेंटर डायरेक्टर्स लैब में शामिल हुआ था। जब भी कभी न्यूयॉर्क आता हूँ तो लिंकन सेंटर की इमारत के अगल-बग़ल देर तक मँडराता रहता हूँ। पैर ख़ुद-ब-ख़ुद इस तरफ़ चले आते हैं। जब पिछली बार मैं अपने अमेरिकन मित्र मार्क से विदा ले रहा था तो उसने पूछा था, "इतना ख़ूबसूरत समय, इतने सारे लोग, पता नहीं ज़िंदगी

में फिर इनसे कभी मुलाक़ात होगी भी कि नहीं?'' मैंने कहा, ''पता नहीं...'' बाद में मैंने जोड़ा, ''वैसे, किसी बहुत ख़ूबसूरत किताब को पढ़ लेने के बाद हम कितनी बार उस किताब पर वापिस जाते हैं?''

अभी मैं कई लोगों के नाम भूल चुका हूँ, शायद कुछ समय में सबके चेहरे भी खो जाएँ। कुछ सालों बाद शहर याद रहे पर गलियाँ भूल जाऊँ। बात याद रहे पर किसने कही थी, यह भूल जाऊँ। क्या छूट गया याद रहे, पर क्या पाया था यह भूल जाऊँ... मुझे नहीं पता। हर यात्रा का हमारे अवचेतन पर जो असर होता है, उसके निशान बहुत समय तक आपके जीने में नज़र आते रहते हैं। यह सारा कुछ सोचते हुए मैं उसी कैफ़े में जाकर बैठ गया जिसमें मैंने बहुत-सी ख़ाली शामें बिताई थीं और कॉफ़ी पीते हुए सीधा मार्क को फ़ोन लगाया। जब उसने हैलो कहा तो मैंने उससे कहा, ''मार्क हम अच्छी ख़ूबसूरत किताब को बार-बार पढ़ते हैं, क्योंकि वह हर बार हमें कुछ नया देती है और बहुत सारा अपनापन। चलो एक बीयर पीते हैं दोस्त।'' मार्क मेरी बात सुनकर बहुत देर तक हँसा।

बड़े शौक़ से मेरा घर जला कोई आँच न तुझपे आएगी
ये ज़ुबाँ किसी ने ख़रीद ली ये क़लम किसी की ग़ुलाम है

यह बशीर बद्र कहते हैं। उनका घर मेरठ में 1984 या '86 में जला दिया गया था। पूछने पर उन्होंने कहा था कि जलाने वाले न तो हिंदू थे, न मुसलमान... वह भीड़ थी जिसका कोई मज़हब नहीं होता। पर अपने घर के जलने की पीड़ा कहीं सबकॉन्सियस में पल रही थी। क़रीब 25 साल बाद वह डिप्रेशन की दवाइयाँ लेने लगे। उन दवाइयों का असर कुछ यूँ हुआ कि इस महान शाइर का लिखना छूट गया। मैंने बहुत कम उम्र में बशीर साहब का मुशायरा सुना था। होशंगाबाद के छोटे-से क्लब में बहुत भीड़ थी। बशीर साहब बार-बार कहते कि यह आख़िरी शे'र पर हर बार पीछे से आवाज़ आती, "एक और"। उस रोज़ मैं भीड़ में बस एक ही प्रार्थना कर रहा था कि बशीर साहब शे'र पढ़ना बंद न करें। मुशायरा सूर्योदय तक चला था। आज इतने सालों बाद उनके सामने बैठे हुए बड़ा अजीब लग रहा है। दिल चाह रहा था कि उनके गले लग जाऊँ।

उनकी याददाश्त बहुत कमज़ोर हो चुकी है। अपने ही कहे शे'र दूसरों की ज़ुबानी सुनते हुए वह मुस्कुरा देते हैं। बशीर साहब की बेग़म बताती हैं कि लगभग 56 सालों तक इन्होंने पूरी रातें मुशायरों में बिताई हैं और दिन भर सोते थे। अब भी आलम यही है कि आदतन रात भर जागते हैं और दिन भर सोते हैं। बस शाइरी छूट गई है।

वो बड़ा रहीम-ओ-करीम है मुझे ये सिफ़त भी अता करे
तुझे भूलने की दुआ करूँ तो दुआ में मेरी असर न हो

इस कमाल के शाइर के जाने कितने क़ायल हैं!

...

यात्राओं में कुछ शहरों से बहुत गहरा संबंध जुड़ जाता है। उन्हें छोड़ते वक़्त टूटने की गूँज गहरे में कहीं उठती है। इसके रिपल इफ़ेक्ट्स होते हैं। आप एक लहर से उबरे ही होते हो कि दूसरा ख़याल फिर कुछ तिड़का देता है और उस तिड़कन के अपने अलग रिपल इफ़ेक्ट्स हैं। आख़िरी दिन उस शहर को देखना, शहर गलियों में ज़िंदा दिखता है और गलियाँ सड़कों पर आकर समर्पण कर देती हैं। अपने हाथों की रेखाओं की छाप पूरे शहर पर छपी दिखती है, तो कभी लगता है कि पूरा शहर असल में ख़ाली है और मैं एक प्रेत-सा उसमें से गुज़र गया हूँ। फिर चेहरे हैं—ढेरों सुंदर चेहरे, बहुत सारी चिड़ियाँ, घने विशाल पेड़, पूरे शहर में बिखरे पड़े चाय/कॉफ़ी पर संवाद...

आख़िर में, 'जल्द वापसी होगी' कहकर हम जाते हैं। पर क्या हम उसी शहर में वापिस आ सकते हैं जिसे छोड़कर गए थे? लगातार जवान होते शहरों में हमारे बूढ़े होने की जगह कम होती जाती है। कितना कठिन है किसी शहर को छोड़ना और असल सवाल है कि क्या हम कुछ भी छोड़ सकते हैं?

सामान्य जीते हुए जब अचानक किसी बहुत ख़ूबसूरत जगह हम ख़ुद को पाते हैं तो ऐसे वक़्त मैं हमेशा सतर्क हो जाता हूँ। ठीक इस वक़्त मेरे भीतर क्या हो रहा है? मैं हमेशा से जानना चाहता था। मैं देखता हूँ कि मैं हतप्रभ-सा ताकता रहा हूँ, सुन्न रहता हूँ बहुत देर तक। फिर बहुत ताक़त लगाता हूँ कि मुझे यह सब बहुत अच्छा लग रहा है, पर हँसी आने लगती है। हमेशा बहुत सुंदर जगह तभी क्यों बहुत अच्छी लगती है जब हम उस जगह को अपने अतीत में सोचकर याद करते हैं। तो वर्तमान क्या सिर्फ़ चीज़ें बटोरने का काम करता है? क्या हम महज़ अतीत को सोचकर ही सच्ची ख़ुशी पा सकते हैं?

जब मेरी उम्र कम थी और मैं बहुत यात्राएँ करता था तो इस क़िस्म के सवाल मेरे भीतर बहुत उमड़ रहे होते थे। तब हर चीज़ का कोई मतलब तलाशने की ज़िद में भटक रहा होता था और बहुत सवाल होते थे। मुझे जवाब कभी नहीं मिले। अब यात्राओं की लय बदल गई है। अब हर ख़ूबसूरत जगह पर जाकर हतप्रभ-सा ताकता हूँ, पर अब मैं सुन्न नहीं होता हूँ। मैं उसके भीतर शांत बना रहता हूँ। कुछ पाना है या इस सबका कुछ मतलब है, जैसे सवाल अब असर नहीं करते हैं। मैं ख़ुद को ऐसी जगहों पर जाकर छोड़ देता हूँ और ख़ूबसूरत महसूस करता हूँ।

कल रात बैंकॉक से कराबी आइलैंड की तरफ़ यात्रा शुरू हुई। रेल-यात्रा बेहद ख़ूबसूरत थी। प्राग से ब्रैटिस्लावा की रेल-यात्रा याद हो आई, पर इस रेल-यात्रा में बहुत मुक्तता थी। मस्त बात थी कि इस रेल-यात्रा में डाइनिंग कार की खिड़कियाँ खुली थीं, साफ़-सुंदर हवा में चाय और सिगरेट का मज़ा अद्‌भुत था। मैं देर रात तक वहाँ था और सुबह होते ही पहली चाय ऑर्डर करता हुआ पाया गया। यात्राएँ आसान नहीं होतीं, ये बहुत अजीब तरीक़े से आपके शरीर पर काम करती हैं। आपको आपका शरीर पुरानी खंडहर की दीवार-सा महसूस होता है। हर थोड़ी देर में कुछ झड़ जाता है। जो बातें हमारे जीते हुए हमें बहुत महत्वपूर्ण लगती थीं, वे यात्राओं में झड़कर हमें हल्का कर देती हैं, फिर हर कुछ देर में आप अपनी दीवार से सटे हुए पाए जाते हैं। दीवार से सटे रहने के कारण नमी पैदा होती है और उस नमी में बहुत से चेहरे उभर आते हैं, जिन्हें बार-बार छूने का मन करता है, पर छूते ही सब ख़ाली हो जाता है। यात्राएँ अद्‌भुत और कठिन होती हैं, पर सुंदर बात है कि वह हमें जीवन में 99 (निन्यानवे) के फेर से दूर रखती हैं। वे हमें उसमें उलझने नहीं देतीं।

जब शाम को टहलने निकलता हूँ तो चौराहे या किसी मोड़ पर पहुँचते ही एक गुदगुदी होती है कि किस तरफ़ को जाऊँगा? यह गुदगुदी हर सुबह भी होती है कि आज क्या करूँगा? कोहेन की बात एकदम सही लगती है, "The older I get, the surer I am that I'm not running the show."

"कहाँ जा रहे हो" जैसे सवालों पर मेरा जवाब अक्सर होता है, "बस यूँ ही..." और सही में लगता है कि लगभग हर लंबी यात्रा का पहला क़दम "बस यूँ ही..." से शुरू हुआ था। पहाड़ों पर घूमते हुए हमेशा नई पगडंडी पकड़ लेता हूँ, आज देखें ये रास्ता कहाँ जाता है? अगर भीतर जंगल में गुम जाता हूँ तो फिर गुदगुदी होने लगती है—भटकने के सुख की। मैं मिल जाऊँगा वापिस, पर बहुत भटकने के बाद ये यक़ीन है कि मैं वह नहीं होऊँगा जो जंगल में गुमा था। मैं बदल जाऊँगा। आईने के सामने खड़े होकर फिर भीतर गुदगुदी होती है ये पूछने की कि ये जो दिख रहा है सामने, ये कौन है?

भोपाल में सुबह की लंबी सैर में शुरुआती दिनों के जाने कितने चित्र भीतर हरकत कर रहे होते हैं। तीन नंबर स्टॉप, प्रकाश तरण पुष्कर, हॉस्टल, न्यू मार्केट, टी.टी. नगर, फिर पीछे होते हुए कला परिषद, रवींद्र भवन, बड़ा तलाब और अंत में भारत भवन—जहाँ काँपते क़दमों से मैंने स्टेज पर अपना पाँव रखा था और अभिनय का एक सिलसिला शुरू हुआ था। उन दिनों के लोगों से मिलता हूँ तो वे उस वक़्त के क़िस्से सुनाते हैं। क़िस्सों में मैं था, ये मुझे कुछ याद नहीं रहता। मैं उनसे पूछता हूँ कि मैं था वहाँ? वे हँसने लगते हैं तो मैं झूठ बोलता हूँ कि हाँ याद आया। फिर मुझे जो याद है, वह क्या असल में हुआ था? पता नहीं, पर मैं उनके क़िस्सों के आदमी को और अपने जिए हुए को पहचान नहीं पाता हूँ। लगता है कि वह पता नहीं कौन है जिसने सारा कुछ सहा है और वह जाने कौन है जो जी रहा है!

आज सुबह कोई बहुत धीमे क़दमों से पास आकर बुदबुदाया, "धुँध है आज चारों तरफ़ ।" मैंने तुरंत बिस्तर छोड़ा और कुछ ही देर में मैं दिल्ली की धुँध से भरी सड़कों पर था। इन सड़कों को देखकर लगता है कि किसी पेंटर ने सफ़ेद रंग के बहुत-से स्ट्रोक अभी-अभी मारे हैं और पेंटिग अभी भी अधूरी है। आधा-अधूरा कितनी सारी कल्पनाओं को चेहरा देता है! सुंदर क्षण धुँध में तैरने लगते हैं। पास की नज़र तेज़ हो जाती है और दूर सब धुआँ हो जाता है। पक्षियों के कलरव में कहीं पीछे मुझे एक चायवाले की टन... टन... सुनाई देती है। मैं उस आवाज़ के पीछे जाता हूँ और एक चाय की टपरी चित्र में उभरती है। तभी लगता है कि दिल्ली की ठंड में यह धुँध असल में चाय के बर्तन से निकल रही है।

बहुत पुरानी बात है कहकर जब कोई बूढ़ा बरगद कहानी सुनाता है तो लगता है कि किसी दुपहरिया में पीपल के नीचे गहरी नींद में हम पुरखों का सपना देख रहे हैं। पुरखों में लाजवाबी थी और इसका एहसास तब होता है जब आप किसी बरसों पुरानी इमारत या क़िले में चल रहे होते हैं। उन सदियों पुरानी दीवारों को छूने से लगता है कि आप उन्हें महसूस कर रहे हैं जो बहुत पहले यहाँ से गुज़रे थे कभी। गहरी शांति में अगर कान लगाओ तो कुछ सुनाई देने लगता है। आप आँखें बंद करते हैं तो लगता है कि आप रात में पीपल के नीचे खटिया लगाए एक सपना देख रहे हैं। उन सपनों में जो सुनाई देता है, वह शायद पीड़ा है उस समय की, जो वहाँ से यहाँ तक पसरी पड़ी है और जिसमें पाए हुए से ज़्यादा, खोया हुआ हरकत कर रहा होता है।

स्पेन में कई दिन हो चुके थे। हॉस्टल-दर-हॉस्टल रहते हुए मैं बहुद दिनों बाद वेलेंसिया पहुँचा था। इस सुंदर टॉउन को देखकर लगा कि कुछ दिन यहाँ रह लिया जाए। 'चुहल' नाटक का अंत नहीं लिखा था सो एक डायरी हमेशा साथ रहती थी। एक कै.फ़े में बैठे हुए मैं अपने पुराने लिखे को फाड़ रहा था तभी लगा कोई मुझे देख रहा है। कुछ टेबल छोड़कर एक वृद्ध महिला बैठी हुई थी जो मुझे अजीब तरीक़े से देख रही थी। अकेली यात्राओं में भीतर तालाब इतना स्थिर, थमा हुआ रहता है कि एक छोटा कंकड़ तक लहरों के बड़े वृत्त बनाता है। उस वृद्धा के देखने में एक अजीब विस्मय था। ऐसे में—सि.र्फ़ यात्राओं में—मैं नज़रें नहीं चुराता हूँ, मैं उस विस्मय के पीछे भागने लगता हूँ। मानो वहाँ कोई जवाब छिपा है। जब तक वह नज़रें न फेर ले, मैं अपना जवाब तलाशना बंद नहीं करता हूँ। फिर सोचता हूँ कि वह क्या है, जो हमें नहीं पता है ? कोई अपरिचित कैसे विस्मय में, हमारी कोमलता में हमें वहाँ देख लेता है जिन जगहों के बारे में हमें भी नहीं पता। ज्यों ही हमें जवाब मिलता है तो आश्चर्य होता है कि इस जवाब का सवाल हमारे पास कभी नहीं था।

वह बूढ़ी महिला कुछ देर में ओझल हो गई। मेरे सामने डायरी का कोरा पन्ना खुला हुआ था और मुझे उस कोरेपन में 'चुहल' नाटक के अंत का नक़्शा उभरता हुआ दिखाई देने लगा।

स्पेन के हर शहर में मैं दो से तीन दिन रह रहा था। हॉस्टल में कुछ बेहद दिलचस्प यात्री दोस्त बन जाते और कुछ ही वक़्त बाद हम अपनी-अपनी यात्रा में आगे बढ़ जाते। अच्छा लगता है यह जानकर कि आप अकेले पागल नहीं हैं। दुनिया में बहुत से लोग हैं जो दिशाहीन यात्रा का आनंद ले रहे हैं। ग्रनाडा में कुछ दोस्तों के साथ मैं फ्लेमिंको नृत्य देखने गया। पहाड़ पर एक बहुत छोटी-सी जगह में कुछ फ्लेमिंको कलाकार अपनी कला दिखाने वाले थे। मैं बहुत उत्सुक नहीं था, पर दोस्तों के साथ की वजह से चल दिया। जब शो शुरू हुआ और एक के बाद एक उन्होंने नाचना शुरू किया तो मुझे लगा कि ये तो भाव हैं, भावों की सघनता। कुछ उस तरह की सघनता जैसी मैं लिखते हुए महसूस करता हूँ। कुछ देर में पता नहीं क्या हुआ कि मेरी स्पैनिश दोस्त ने मेरे कंधे को छुआ और पूछा, "आर यू ओके ?" मैंने हामी में सिर हिलाया तभी लगा मेरे गाल गीले क्यों हैं। मैं रो रहा था। मुझे इसका अंदाज़ ही नहीं था।

जब वह नृत्य ख़त्म हुआ तो हम सब एक पब में पहुँचे और देर रात तक हम वाइन पी रहे थे और उस नृत्य की बात कर रहे थे। मेरे पास ज़्यादा कुछ कहने को नहीं था सिवाय इसके कि मुझे बेहद मज़ा आया।

अगले दिन मैं वह शहर छोड़ चुका था, पर कुछ अजीब-सा भीतर फूट पड़ा था जिसे मैं समझ नहीं पा रहा था। वह क्या था जिसमें मैं ख़ुद को दूर से देख सकता था, पर पहचान नहीं पा रहा था। कार्डोबा पहुँचा तो कोई मोड़ पर वायलिन बजा रहा था। मैं बहुत देर उसके पास

खड़ा रहा फिर कुछ सहन नहीं हो रहा था सो मैंने वहाँ से दौड़ लगाना शुरू किया। मैं वहाँ तक जाना चाह रहा था, जहाँ से उसका वायलिन मुझे न सुनाई दे। कार्डोबा की गलियों को पार करते हुए मैं एक चौराहे पर पहुँचा। अब मुझे उसकी आवाज़ नहीं आ रही थी। हाँफते हुए मैं एक गिरजे में चला गया। वहाँ पहुँचा तो यीशू की एक बहुत बड़ी मूर्ति दिखी जिसका एक हाथ सलीब से निकला हुआ है और यीशू आधे लटके हुए हैं। इस गिरजे की चुप्पी में धीरे-धीरे सब कुछ भीतर शांत होने लगा। मैंने एक कोने में पड़ा कन्फ़ेशन बॉक्स देखा। लगा वह यीशू के वक़्त से यहाँ पड़ा हुआ है। मैं अपनी उत्सुकता दबा नहीं पाया और उसके भीतर जाकर बैठ गया। तभी मैंने देखा जाली के उस पार पादरी आकर बैठ गए। उन्होंने स्पैनिश में कुछ कहा जो मेरी समझ में नहीं आया, लेकिन मैं यह मौक़ा हाथ से जाने नहीं देना चाह रहा था। मैंने अँग्रेज़ी में उनसे माफ़ी माँगी फिर हिंदी में पता नहीं क्या-क्या कहना शुरू किया। फ्लेमिंको नृत्य से लेकर और अब तक की शांति तक सारा कुछ, धाराप्रवाह मैं बोलता रहा। वह पादरी शांत बैठे रहे। जब मैं चुप हुआ तो पादरी ने मेरी तरफ़ देखकर अपना सिर हामी में हिला दिया।

इतिहास के अवशेषों से जब भी हम गुज़रते हैं, सच में आश्चर्य होता है कि हम पहले ये थे? फिर लगने लगता है कि हम अभी भी तो इसी सबसे गुज़र रहे हैं। क्या बदला? हम पता नहीं क्या सब बना रहे थे और कितना सारा मिटा रहे थे! जो ये सब पुराना शेष बचा है जिसे हम अभी छू रहे हैं, क्या इन अवशेषों में हम साफ़ नहीं देख सकते हैं कि हिंसा सिर्फ़ ख़त्म करती है? आओ कुछ नई ग़लतियाँ करें। कब तक पुरानी ग़लतियों को दुहराते रहेंगे?

ये जो खंडहर बचे रह गए हैं, उन्हें किसी ने तो सहेजा है—आने वालों को दिखाने के लिए कि हम सब अलग-अलग रंग के 'इंसान' हैं बस। किसी को ख़त्म करना, ख़ुद भी ख़त्म हो जाना है।

मैं जब अपने गाँव में था तो लगता था दुनिया इतनी ही है। मैं, राजू और सलीम, स्कूल से भागकर रेलवे स्टेशन पर जाकर बैठ जाते, सस्ती चाय पीने के बहाने। हम तीनों कभी गाँव से बाहर नहीं गए थे। बाहर क्या है की बहुत कहानियाँ थीं हमारे पास। हमको लगता ये रेलगाड़ियाँ एक रात में दुनिया के छोर तक पहुँचा देती होंगी। उससे ज़्यादा दुनिया क्या होगी?

आज, मैं जब यूरोप घूम रहा था तो बड़ा मन किया राजू और सलीम को फ़ोन करने का। उन्हें कहना चाहता था कि यह जादू है, दूसरा ग्रह है ये; यहाँ की भाषा, खाना, इतिहास सब अलग है। मैं ऑस्ट्रिया के एक छोटे से गाँव झेम्ज़ के रेलवे स्टेशन पर बैठा अपनी ट्रेन का इंतज़ार कर रहा था। क्या कई साल पहले इस गाँव के राजू और सलीम ने भी ऐसा ही कुछ सोचा होगा? क्या उन्हें हमारे गाँव के बारे में कुछ भी पता होगा? कैसे पृथ्वी के इस कोने में ये गाँव घटता रहा था, अचानक हम इसमें से गुज़रते हैं और विश्वास नहीं होता कि असल में यह गाँव और मेरा गाँव एक ही समय में घट रहा है! अभी यह वक़्त हम सबका एक है। मैं राजू और सलीम से कहना चाहता था कि देखो, मैं भविष्य में आकर उस स्टेशन पर बैठा हूँ जिसकी कल्पना भी हमने अपने गाँव के स्टेशन पर बैठकर नहीं की थी।

कुछ देर में मेरी ट्रेन आई, अपना सामान जमाकर मैं अपनी सीट पर बैठा ही था कि मुझे दो लड़के स्टेशन पर आते हुए दिखे। एक के

घुँघराले बाल थे और दूसरे की मूँछें। मैं उन्हें अवाक् देखता रहा। वे ट्रेन के लिए नहीं आए थे। वे मशीन से कॉफ़ी निकाल रहे थे और ख़ूब हँस रहे थे। एकदम राजू और सलीम। ट्रेन चलने लगी और मैंने देखा वे दोनों अपनी कॉफ़ी को छोड़कर अचानक मुझे देखने लगे हैं। मैं चिल्लाकर कहना चाहता था कि मैं दुनिया के दूसरी छोर का तुम्हारा बचपन का दोस्त हूँ। मैं चुप गाँव का ओझल होना ताकता रहा और ट्रेन रफ़्तार पकड़ चुकी थी।

श्रीलंका के जंगलों में बहुत सुबह हाथी के झुंड दिखे। दूर-दूर तक सिर्फ़ ख़ाली मैदान था और जानवर। आज साल का आख़िरी दिन है। मुझे अचानक लगा कि किस उम्र की हो गई होगी यह पृथ्वी? आज 2017 तक कितना वक़्त हो चुका होगा आकाशगंगा को पैदा हुए या प्रकट हुए? तारों से उम्र पूछना तो बेवक़ूफ़ी होगी। है ना? क्योंकि कहते हैं बहुत से तारे सालों पहले मर चुके हैं, अब महज़ उनका प्रकाश ही है जो हमारी तरफ़ अभी भी सफ़र में है। पहाड़ों को देखकर लगता नहीं कि वे कहीं से आए हैं। वह यहीं थे शुरू से। शुरू से कब शुरू हुआ होगा? समुद्र हमेशा आ रहा है में आता-जाता-सा है हर वक़्त। ये सारे पेड़ और जानवर अपने होने में पूर्ण हैं। तभी चिंता हुई कि क्या इन्हें पता है कि 2016 ख़त्म हो चुका है? ये जो ख़ूबसूरत हाथियों का झुंड है, क्या मैं इन्हें बता दूँ कि अब तुम नए साल में पहुँचने वाले हो। पुराना साल ख़त्म हो चुका है।

अपने ऐसे विचारों पर मुझे इंसान होना इतना टुच्चा लगता है। हमें जानवर होने में भी अभी बहुत वक़्त है।

दिन भर आज चायल (हिमाचल प्रदेश) में यहाँ-वहाँ घूमता रहा। छोटी दुकानें, बूढ़े लोग, यहाँ-वहाँ रेंगती ज़िंदगी। पहाड़ों में जवान लोगों पर मेरी निगाह कम ठहरती है। हर कुछ क़दम पर चायल ख़त्म हो जाता। मैं छोटी पगडंडियाँ पकड़ लेता। छोटे घरों में व्यस्त बूढ़ी औरतें दिख जातीं तो कुछ देर उन्हें निहारता रहता। इस देवदार से घिरे पहाड़ी गाँव में अजब चुप्पी है। अचानक धुँध घिर आई, बारिश होने लगी जो थोड़ी-बहुत चहल-पहल थी, वह भी नदारद हो गई। मैं धुँध में अपने ठीहे की तरफ़ वापिस हो लिया। धुँध अचानक इतनी ज़्यादा बढ़ गई कि लगा जैसे कोई गाँव पानी के भीतर ख़त्म हुआ-सा बहुत पहले डूब चुका हो और मैं किसी नदी के भीतर गोता लगाकर उसमें से गुज़र रहा होऊँ। मैं मुस्कुराने लगा।

पहाड़ शांत चुप खड़े रहते हैं। झाड़ किसी धुँध से उठती धुन पर मस्त रहते हैं। हमारा चंचल मन इन सबमें स्थिरता तलाशता है। पहाड़ आने पर बहुत समय लगता है, शहर की पपड़ी झड़ने में। एक चुप्पी में ख़ुद को सहना कितने यत्न का काम लगता है।

यह अधिकतर मेरे साथ पहाड़ों में होता है। इस धुँध में चायल, मुझे कश्मीर की बहुत याद दिला रहा था। यहाँ अचानक कुछ घरों को देखकर मन ठहर जाता है। लगता है कि इन घरों में हम पहले कभी रह चुके हैं—अगर इस जन्म में नहीं तो पिछले जन्मों में कभी—इस राह से हम गुज़रे हैं, दिल खोलकर किसी को प्रेम किया है, गहरे एकाकी

क्षणों में किसी का इंतज़ार किया है, इन खिड़कियों को नीले रंग से हमने ही रँगा था, सामने के देवदार को बड़ा होते देखा था, तुम्हें घर की मुँडेर पर चूमा था।

आज भी चुप वीराने में हमारी बीती हुई कहानी लिए ये घर वैसे के वैसे खड़े हैं।

यहाँ पहाड़ों में आवाज़ गूँजती है और आपका किया बार-बार आपके पास वापिस आता है। कभी किसी की पीड़ा सवाल करती है, तो कभी ख़ुद के रतजगों का उल्लू टकटकी बाँधे ताकता है। नज़रें चुराने के लिए जंगल में गुम जाने को जी करता है, पर हर मोड़ पर फिर आपका सारा जिया हुआ आपके सामने आकर खड़ा हो जाता है। इस पर सुखद बात यह है कि कुछ ही दिनों में लगता है कि जैसे पहाड़ों ने आपको माफ़ कर दिया है। फिर जिए हुए की चढ़ाई में थकान नहीं होती और नीचे उतरने में हारने का छिछलापन ख़ाली हो जाता है।

आज सुबह-सुबह ऊपर की तरफ़ जाने का मन हुआ। पहाड़ चढ़ते-चढ़ते बीच में सिर्फ़ एक दुकान मिली चाय की। बाक़ी सारा जंगल था। क़रीब-क़रीब दुपहर में एक ऊँचाई पर पहुँच गया था। नीचे पूरा शहर और दूर तक आसमान दिख रहा था। मैं वहाँ पसर गया। भूख, प्यास और थकान। पर जो दिख रहा था बहुत ख़ूबसूरत था। अचानक बूँदा-बाँदी शुरू हो गई। कहीं कोई छुपने की जगह ढूँढ़ना मतलब वापिस नीचे की तरफ़ उतरना था। मैंने भीगना तय किया। दूर आसमान कहीं फटा हुआ था और वहाँ से सूरज की रोशनी झाँक रही थी। इस सुर्ख़ और स्याह बादलों के बहुत आगे सुनहरा भविष्य था। सूरज की उस रोशनी के फूटने से इस वक़्त यह सारा स्याह भी बहुत सुंदर दिख रहा था। आसमान हर रोज़ साथ रहता है, पर हर कुछ देर में लगता है कि इसे पहली बार अनुभव किया है। मैं लेट गया और अपनी आँखें बंद कर लीं। बस! मैं इस वक़्त भीगना चाह रहा था—बिना किसी संवाद के, बिना किसी इच्छा के। इस स्याह और सुनहरे के साथ तर हो जाना चाह रहा था।

कुछ देर बाद आँख खुली तो बादल छँट चुके थे और सूरज पूरी तरह बाहर था। आसमान जगह-जगह से अपना नीलापन फैला रहा था। कितना वक़्त हो गया? मैंने ऐसे पूछा जैसे वह मेरे साथ हो।

पहाड़ों में बारिश। कितनी नाटकीयता है इस मौसम में! यहाँ लोग कहते हैं कि यह ऑफ़ सीजन है। मुझे लगता है कि यही तो मौसम है—पहाड़ों में आने का। पहाड़ों की बारिश में रूमानियत है, जवानी का ड्रामा है। ठंड तो बुढ़ापा है और गर्मियाँ असल में जवान होने के ठीक पहले की वे ग़लतियाँ हैं जिन्हें हम अपनी जवानी की बारिशों में ही धो डालना चाहते हैं। पर बारिशों में कुछ धुलता नहीं है और ठंड में आकर हम ख़ुद को कोसते हैं कि काश हमने अपनी गर्मियों और बरसातों में कुछ और ग़लतियाँ कर ली होतीं।

मनाली जब भी आता हूँ तो ओल्ड मनाली को पार करके, उसके पीछे की पहाड़ियों में टहलने ज़रूर जाता हूँ। पहाड़ के आख़िरी कोने में मुझे अचानक एक चाय की छोटी गुमटी दिखी। यह पहले यहाँ नहीं थी। इसके पहले मतलब, तीन साल पहले मैं यहाँ आया था। मुझे बड़ी प्रसन्नता हुई। मैं तुरंत बैठ गया और एक चाय बनवाई। एक बूढ़ा आदमी उस गुमटी को चला रहा था। दिखने में बहुत ही ख़ूबसूरत और हँसमुख। चाय देकर वह मेरी बग़ल वाली कुर्सी पर बैठ गया। मेरी उत्सुकता में मैंने उनसे कुछ छिछले से सवाल किए। उन्होंने कहा, "इटावा का हूँ। किसी ने कभी कुछ कहा नहीं और मैंने कभी किसी को सुना नहीं। बस भटकता रहा। हम छोटी जात के थे, किसी ने पढ़ने नहीं दिया।" इसके बाद बहुत देर तक हम दोनों चुप बैठे रहे। वह दूर घाटी और आसमान के बीच में कहीं देख रहे थे। एक बीड़ी सुलगाते हुए उन्होंने अँग्रेज़ी में कहा, "I just wanted to live a little more than everyone." मैं अवाक्-सा उन्हें ताकता रहा। मैंने देखा कि वह जिस कुर्सी पर बैठे हैं, वह टूटी हुई है। "आप यहाँ आ जाइए वह कुर्सी टूटी हुई है।" कुछ चुप्पी के बाद उन्होंने मुस्कुराते हुए कहा, "मुझे शुरू से टूटी कुर्सियाँ ही मिली हैं। टूटी कुर्सियाँ ज़्यादा देर एक जगह बैठने नहीं देती हैं।" यह कहकर वह हँसने लगे। "पक्की कुर्सी पर बैठता हूँ तो लगता है कि कोई छीन लेगा, फिर बाक़ी जीवन खड़े होकर गुज़ारना पड़ेगा।" यायावरी थी उनके कहने में। उन्होंने

चाय साधारण बनाई थी, कुछ खाने को भी नहीं था उस गुमटी में। "वैसे तुम जिस कुर्सी पर बैठे हो, वह भी टूटी हुई है।" इस बात पर हम दोनों अचानक हँस पड़े। पहाड़ों में हमारी हँसी गूँजकर हमारे पास वापिस आ रही थी।

मैं ख़ुद से कहता चलता था कि मैं ख़ुश हूँ—बहाने की तरह। ख़ुश नहीं होता था तब भी ख़ुश हूँ, कहते-कहते लगने लगा कि सच में कितना ख़ुश हूँ। दिन भर ख़ूबसूरत पहाड़ों में बाइक चलाता रहता। दूर से दूर गाँवों में पहुँच जाता और लगता कि यहाँ आकर ज़्यादा ख़ुश हूँ, पिछले गाँवों की अपेक्षा।

रात किसी अजनबी गाँव में होती। तारों को देखते ही सब बदल जाता। ढेरों तारे ऐसे दिखते जैसे पहली बार दिखे हों! मुझे याद है कि मैं बार-बार पलकें झपका रहा होता था, पर विश्वास नहीं होता कि इतने सारे तारे इस क़दर क़रीब हो सकते हैं कि मानो बस एक छलाँग की ज़रूरत है और एक तारा मुट्ठी में होगा। तारे दिखना कब बंद होते हैं और कहाँ से पहाड़ी शहर के घरों की बत्तियाँ दिखना शुरू होती हैं, पता ही नहीं चलता।

अगले दिन शुरुआत जादुई सुबह से होती। आह! हिमालय सामने दिखता और मुझे लगता कि कोई एक शब्द है जो मुझे याद नहीं आ रहा है। क्या है वह? फिर याद आता कि मैं ख़ुश हूँ यह कहना भूल गया। झूठी ख़ुशी कहीं पीछे टूटकर गिर चुकी होती। सुबह-सुबह आगे की यात्रा के लिए मैं अपनी बाइक साफ़ कर रहा होता, तभी एक बूढ़े आदमी ने अपनी चाय की दुकान खोल ली होती। उस दुकान का नाम हँसमुख चाय होता। मैं उनसे कहता कि एक हँसमुख चाय दे दो तो आगे की यात्रा शुरू हो।

बीच जंगल में सुस्ताते हुए बहुत सारा 'चुप' सुना। इतने साइलेंस की आदत बनाने में भी कुछ देर लगती है। सामने दूर अल्मोड़ा दिखाई दे रहा है। उसके पीछे पंचाचोली हिमालय की रेंज। मेरे पीछे मुक्तेश्वर की ऊँचाई है। तभी ध्यान आया कि निर्मल वर्मा ने अपने मुक्तेश्वर प्रवास के दौरान इस रास्ते का ज़िक्र किया था। वह पैदल जंगल-गाँव के रास्ते मुक्तेश्वर से अल्मोड़ा गए थे। जिम कॉर्बेट ने अपनी कहानी 'मैन ईटर ऑफ़ मुक्तेश्वर' में इन्हीं इलाक़ों का ज़िक्र किया है। अभी इस चुप्पी में कॉर्बेट और निर्मल वर्मा दोनों पगडंडी पर साथ चलते हुए दिखे। कमाल है। मुझे लगता है मुझे राजमा-चावल की ज़रूरत है। भूख के मारे वह सब दिखने लगा है जो असल में है नहीं। क्या मैं हूँ यहाँ?

हंसा (सूरज—फ़िल्म 'हंसा' में हंसा था) के घर पहुँचा आज कफूड़ा गाँव। दीपाल (उसके पिताजी) और मैं देर तक धूप में बैठे इधर-उधर की बातें करते रहे। कुछ ही वक़्त में धूप चली गई और छाया में मैं हल्का काँपने लगा। मेरी आँखें धूप तलाश रही थीं और दीपाल पीछे कमरे की तरफ़ देख रहा था। "वो हंसा का कमरा था।" दीपाल ने कहा। मुझे पता था कि दीपाल भरा पड़ा है। वह कहाँ से बात शुरू करे उसकी समझ में नहीं आ रहा था। उसने हंसा के कमरे से बात शुरू की और अचानक सब कुछ फूट पड़ा। पिछले साल की वो तारीख़, वो वक़्त, उस वक़्त का मौसम सब कुछ उसने बहुत बारीकियों से बयाँ किया। कुछ ऐसे मानो, कुछ घंटे पहले ही सारा कुछ घटित हुआ हो। कहीं बीच में वह रुकता तो पीछे से पतली आवाज़ आकर बात आगे बढ़ाती। वह हंसा की माँ थी जो पीछे खड़ी थी। "यहाँ इस जगह उसने ज़हर पिया था।" यह कहकर दीपाल खड़ा हुआ, "मैंने उसे कंधे पर उठाया और नीचे भागा।" उसके घर से सड़क क़रीब दो किलोमीटर दूर थी। इन बातों में हर मिनट की डिटेल थी, बाप अपने जवान बेटे को नहीं बचा पाया। 'हंसा' फ़िल्म के लिए सूरज को न्यूयॉर्क में बेस्ट एक्टर का अवॉर्ड मिला था। दीपाल की आँखें सूख गई थीं, वह बहुत बूढ़ा दिखने लगा था। दीपाल अब सड़क बनवाने में सरकारी लोगों के चक्कर काटता है, "अगर सड़क होती तो दस मिनट और मिल जाते।" मैं उससे कहना चाह रहा था कि अगर यहाँ इस जंगल में सरकारी सड़क बन गई तो दीपाल यह जंगल भी रिसॉर्ट्स में बदल जाएगा। पर ये बातें एक बाप उस वक़्त सुन नहीं सकता था।

ठंड बहुत बढ़ गई थी, पर मैं काँप नहीं रहा था। हम तीनों चुप थे, जैसे पूरा जंगल चुप था। सारे पक्षी चुप, जैसे पेड़ पर टँगी हुई गेंद चुप, जैसे सामने खड़े पहाड़ अपने कंधे झुकाए चुप, इन पहाड़ों—झुके हुए पहाड़ों—में हंसा की आवाज़ चुप। पहाड़ों में ऐसी चुप्पी आपकी नाभि में चुभती है।

मैं पहाड़ों को देखता हूँ तो बार-बार सिर झुक जाता है। शर्म आती है ख़ुद पर। हमारे भीतर कितनी ज़्यादा हलचल है! कितने छिछले हैं हमारे सपने और कितना कमज़ोर है हमारा 'मैं'! पहाड़—चुप और शांत—अपनी पूरी ख़ूबसूरती और अपने सारे रहस्यों के साथ हमारे सामने खड़े रहते हैं, पर हमारी नज़र 'मैं' के आगे देख ही नहीं पाती। उसे नहीं देख पाती जिसकी गोद में हमने अपना सिर टिकाया हुआ है। उसके देवदार और चीड़ हर बहती हवा के साथ हँसते होंगे हम पर। हम जैसे सदियों से सदियों तक उनके पास आते रहेंगे, पर उन्हें कभी देख ही नहीं पाएँगे—चुप, शांत, गंभीर!

लंदन को मैंने समझा ही उसके थिएटर से है। इस वक़्त दिमाग़ में पेंटिंग्स हैं, फ़िल्में हैं, सुंदर अभिनेता हैं और कहानियाँ जो देखी हैं। मैं थिएटर कितना ज़्यादा पसंद करता हूँ! मेरे हाथों में लंदन थिएटर गाइड है और पूरे वक़्त क्या-क्या देखा जा सकता है की प्लानिंग चल रही है। बीच के ख़ाली वक़्त में मैं कुछ खा लेता हूँ। Curzon Theatre में जाकर कुछ फ़िल्में देख लेता हूँ। किसी पार्क में जाकर चित्त पड़ा रहता हूँ। इन सबमें थिएटर मुख्य है। किसी से बात किए बहुत समय हुआ है। इतना चुप हूँ कि हर देखे का असर बहुत देर तक रहता है और इस असर में वापिस ट्यूब में जाना है, देर तक लोगों को ताकना है, अपना अभी तक का होना है और ठीक इस वक़्त का न होना है।

स्कॉटलैंड बहुत ख़ूबसूरत है। कभी किसी बहुत सुंदर जगह लगता है कि कैसे यह मेरे होने के कई हज़ारों साल पहले भी यहीं थी, और जब मैं नहीं रहूँगा, तब भी ये सब इस तरह ही रहा आएगा। तब कोई और होगा जो शायद कुछ दूसरा सोचेगा। मैं एक तालाब के किनारे, अपनी उदासियों को पानी में सिराने की तरकीबें खोजता रहा था। मुझे शायद और पहले यहाँ आ जाना था। मैं अपने होने में बहुत देर से यहाँ आया हूँ, इसलिए किसी भूखे बच्चे की तरह जितना खाना है, उससे कहीं ज़्यादा खा चुका होता हूँ। पर जब मैं नहीं रहूँगा तब, तब शायद सारी तरकीबें काई बनकर धीरे-धीरे पानी के ऊपर जम जाएँगी।

जिस क्षण लगता है कि सारा कुछ कितना सुंदर है, ठीक उसी वक़्त एक आदमी दौड़ लगाना शुरू करता है—इस तृप्ति के विरुद्ध—कहीं गहरे अँधेरे में और मैं अचानक उदासी चखने लगता हूँ। मैं अपने ड्राइवर ज़फ़र भाई से पूछता हूँ कि क्या मैं ख़ुश हूँ? ज़फ़र कहते हैं कि आपकी तस्वीरों में तो आप बहुत प्रसन्न लग रहे हैं। फिर मैं बाक़ी लोगों की तस्वीरें देखता हूँ। सभी बहुत ख़ुश हैं, सुंदर हैं। तब उदासी कहाँ है? या उदासी महज़ मेरी दोस्त है? मैं अपनी तस्वीरें देखता हूँ तो एक महीन चीज़ दिखती है। वह महीन झूठ और सच का पर्दा है, वह महीन ख़ुशी और उदासी के बीच की खिड़की है और अंत में सब कुछ कितना क्षणिक है।

मैं कभी भी किसी को छोड़ नहीं पाया। मेरा कायर होना और मेरा लेखक होना, दोनों इसमें बराबर के भागीदार हैं। विदा कैसे कहते हैं?

कैसे कह दें कि बस हम दोनों यहीं तक के साथी थे और 'यहीं तक' असल में भीतर 'कहाँ तक' फैला हुआ है? मैंने ज़फ़र भाई से कहा कि वहाँ ले चलो जहाँ से यह शहर शुरू होता है। वह लोच लोमंड की पहाड़ियों पर ले गए। विदा कहने का यह एक बचकाना तरीक़ा था। मैं उस शहर की शुरुआत में जाना चाहता था। मानो मैं किसी संबंध के पहले दिन में हूँ। मैं देर तक स्कॉटलैंड के लैंडस्केप को देखता रहा और अपने पहले दिन को याद करता रहा। पहला दिन और आख़िरी दिन कितना एक जैसा होता है! यह शहर मुझे मेरे आख़िरी दिन में देख रहा था और मैं उसके पहले दिन में खड़ा था।

जाने कितना सारा दफ़्न करने को गया था! जितना ख़त्म करने के लिए ले गया था, उससे कहीं ज़्यादा बटोर लाया हूँ। यात्राएँ जितना हल्का करती हैं, उतना ही भर भी देती हैं।

न्यूयॉर्क शहर अपना हो चला था, पर जब भी न्यूयॉर्क की मेट्रो में बैठता तो थोड़ा परायापन लगता। लोग बहुत अपने में रहते हैं, कोई किसी से आँख नहीं मिलाता है। शायद मेरी उत्सुकता मुझे पराया बनाए हुए रहती है। अपनी उत्सुकता को दबाने के लिए मैंने अपनी आँखें बंद कर लीं। जब आँखें खोलीं तो देखा मेट्रो में बहुत कम लोग थे। मैंने घड़ी देखी। क़रीब बीस मिनट से मैं सो रहा था। बग़ल में एक बूढ़ा ब्रिटिश आदमी बैठा हुआ था। मुझे जहाँ उतरना था, वह स्टेशन निकल चुका था। मैं फिर भटक गया था। वह बूढ़ा ब्रिटिशर मेरी घबराहट समझ गया। उसके हाथ में एक डायरी थी और वह कुछ उसमें लिख रहा था। उसने लिखना बंद किया और मुझे विस्तार से समझाया कि मुझे कहाँ उतरना और कौन-सी मेट्रो किस स्टेशन से पकड़नी है। बाद में उसने जोड़ा, "फिर तुम उस रास्ते पर चलने लगोगे, जहाँ तुम्हें जाना है।" मैंने उनसे पूछा कि क्या वह लेखक हैं। उन्होंने जवाब दिया, "फ़ेमस लेखक हूँ।" मैंने उत्सुकता में कहा कि मैं भी लेखक हूँ, फेमस नहीं हूँ, पर लिखता रहता हूँ। वह हँसने लगे। फिर उन्होंने पूछा कि How is life ? मैंने बिना झिझक जवाब दिया, "Life is good. Very good." मेरी इस बात पर वह ख़ुश हो गए और उन्होंने कहा कि क्या मैंने यह बात लिखी है ? मैंने पूछा कि कौन-सी बात ? उन्होंने कहा कि यही बात कि life is good... मैं कुछ देर चुप रहा और फिर मेरे मुँह से निकला, "नहीं।"

उन्होंने अपनी डायरी बंद की और मेरी तरफ़ मुख़ातिब होकर बोले कि मैं जब भी अपनी पुरानी डायरियाँ पढ़ता हूँ तो मुझे वे सिर्फ़

पीड़ा, अवसाद और ग्लानि के पन्नों से भरी हुई दिखती हैं। मैं जीवन में जब-जब किसी प्रकार के डिप्रेशन से गुज़र रहा होता था तो मुझे अपनी डायरी याद आती थी और मैं उसके पन्ने के पन्ने गूद डालता था। अब इस उम्र में आकर जब अपनी डायरी पढ़ता हूँ तो लगता है कि कितना पीड़ित जीवन जिया है मैंने। जबकि यह सही नहीं है। मैं उन क्षणों को दर्ज करना ही भूल गया था, जब मैंने कहा था कि life is good. इसलिए मैं तुमसे कहता हूँ कि इस बात को लिखना कभी भूलना मत। मैं स्तब्ध था उनकी बातों से। तभी उन्होंने कहा कि तुम यहाँ उतरकर अपनी ट्रेन बदल सकते हो। मैं तुरंत उठा और ट्रेन से उतर गया। मैं उनका नाम पूछना भूला रहा, सो मैंने पलटकर उनसे पूछा, "आपका नाम क्या है?" उन्होंने मुझे देखा, तब तक ट्रेन का दरवाज़ा बंद हो गया और मैंने देखा कि वह मुस्कुरा रहे थे। ट्रेन के चलते ही हम दोनों ने एक-दूसरे को देखकर अपने कंधे उचका दिए।

***

किसी नए लेखक को खोजने में हमेशा मेरे भीतर इच्छा जागती है कि कुछ ऐसा लिखा पढ़ूँ कि लेखक बहुत क़रीब आकर कानों के पास अपना लिखा बुदबुदाए और बहा ले जाए एक ऐसी जगह जहाँ त्रासदी भी संगीतबद्ध हो, जहाँ हर शब्द एक ताज़ी-गीली पेंटिंग हो जिसके रंगों में मैं होली हो जाऊँ, जहाँ दूसरे की कहानी में अपने भीतर की गाँठें खुल जाएँ, जहाँ जीने की इच्छा-सी नर्मदा हो और मैं उसमें गहरे गोते लगा सकूँ। ऐसे लेखन की तलाश में कभी तो आपको वह किताब हाथ लग जाती है और आपके आने वाले दिन एकदम कमाल बीतते हैं, और कभी-कभी बहुत वक़्त तक आपको यह टीस सताती रहती है कि कुछ निजी-सा, अपना-सा बहुत वक़्त से नहीं पढ़ा। शायद यही तलाश कुछ वक़्त बाद आपसे कुछ वाक्य लिखवाती है, जिन्हें आप उस वक़्त पढ़ना चाहते हैं। वे वाक्य कब एक कविता, कहानी और नाटक का रूप ले लेते हैं... आपको इसकी भनक तक नहीं लगती।

मैं अभी भी विश्वास करता हूँ कि अगर सूरज की रोशनी में कंचे को ध्यान से देखो तो उसके अंदर एक पूरा ब्रह्मांड है और दूसरी तरफ़ मुझे लगता है कि जुगनू की कहानी उसके चमकने में नहीं है, उसकी कहानी उस अँधेरे में है जिसे वह दो चमकने के बीच में जीता है। जब कभी बहुत तेज़ धूप जीवन में सताती है, दिन भारी लगने लगता है, हल्की घबराहट और टीस का पसीना रीढ़ की हड्डी में महसूस होता है... तब कंचे और जुगनू की कल्पना के बादल धीरे से आकर सूरज को ढँक लेते हैं। एक ठंडी हवा बहने लगती है। मैं पहाड़ों में बैठे तथागत की कहानी लिखने लगता हूँ और मुझे ठंडक महसूस होने लगती है।

बाहर आजकल एक छोटी चिड़िया देर तक आँवले के पेड़ पर सुबह खेलती दिखती है। बहुत सारे पेड़ों ने आसमान घेर रखा है, इसलिए आजकल चील कम दिखती है। बाहर जाता हूँ और कभी चील दिख जाए तो पुराने घरों की याद आने लगती है। उन यादों का सिलसिला फिर टूटे नहीं टूटता। सो मैं आसमान में चीलों को अब नहीं खोजता हूँ। जैसे कुछ देर हँसी का अभिनय करो तो कुछ देर के बाद सच में हँसी आने लगती है, ऐसे ही कुछ देर के अभिनय के बाद सच में प्रसन्नता आँवले के पेड़ पर खेलती दिखती है। गिलहरियों का एक जोड़ा पेड़ों पर दौड़ लगाता है। छोटी लाल चींटियाँ मालगाड़ी की तरह घर के एक कोने से दूसरे कोने में खो जाती हैं। मैं अपनी अधूरी लिखी कहानियों के बारे में सोचने लगता हूँ, जिन्हें फिर-फिर खोलने पर भी मैं उनके आगे एक शब्द भी नहीं जोड़ पाता। शायद कुछ कहानियाँ कभी पूरी नहीं होंगी। हम हमेशा उन क्षणों को कोसते रहेंगे, जिन क्षणों में हमने आख़िरी वाक्य उन कहानियों में लिखे थे और अपनी डेस्क से उठ गए थे। काश हम अपनी डेस्क न छोड़ते, काश हम उन्हें पूरा कर लेते—उस वक़्त। नई कहानियाँ अधूरी कहानियों के बोझ तले शुरू नहीं होतीं। वे कुछ वाक्यों के बाद ही दम तोड़ देती हैं। शायद नई कहानियाँ अधूरी कहानियों की पीड़ा सूँघ लेती हैं और छूट जाती हैं। इसलिए मैंने नई कहानियों को लिखने की जिद्दोजहद त्याग दी है। अब मैं उस छोटी चिड़िया का इंतज़ार करता हूँ, जो हर सुबह आँवले के पेड़ पर खेलने आती है। वह जितनी जल्दी दिखती है, उतनी ही जल्दी ओझल हो जाती है। वह फिर आएगी के इंतज़ार में गिलहरी

सामने से भाग लेती है। चींटियाँ अपना पथ बदल लेती हैं और जब मैं उस छोटी-सी चिड़िया को खोजना छोड़ देता हूँ, वह अचानक दिख जाती है... यही असली ख़ुशी का आना है। प्रसन्नता फिर आँवले पर बैठी दिखती है। वह कितनी छोटी है और कितना कुछ दे जाती है। मैं उसे देखते हुए सब भूल जाता हूँ। भूल जाता हूँ कि इस पेड़ के घने छप्पर के पीछे जो आसमान है, वहाँ चील अभी भी उड़ रही होगी। उस चील की अधूरी कहानी अभी भी मेरे कमरे की डेस्क पर मेरा इंतज़ार कर रही होगी। मैं सब भूलकर हाथ बढ़ाता हूँ और एक आँवला पेड़ से तोड़ लेता हूँ। तभी ख़याल आता है कि चिड़िया के नहीं दिखने में उसके दिख जाने की प्रसन्नता छुपी है। अधूरी कहानियों की आड़ में कहीं एक नई कहानी जन्म लेती है। वह अचानक मुझे एक दिन दिख जाएगी, जब मैं उसे खोजना छोड़ चुका होऊँगा।

चलो एक अलग कहानी सोचते हैं। अलग कहानी कहने की कल्पना में सबसे पहले नदी दिखती है। चलो नदी से शुरू करते हैं। नदी किनारे, पीपल के बाबा एक लौंडे की हस्त-रेखाओं में तुरंत भविष्य में आने वाला ख़तरा पढ़ते हैं। भगवान ही बचाए कहकर वह गहरी साँस लेकर ऊपर देखते हैं। तभी उसी पेड़ से एक लड़की कूद पड़ती है—अपनी चुनरी सँभालते हुए। उम्र तय करने में वह जवान हो चुकी होती है। तभी बाबा लौंडे के दूसरे हाथ में उस लड़की की छूट गई चुनरी देखते हैं। पिंजड़े में बंद तोता चीखता है, "फिर वही कहानी?" पीपल से आवाज़, "तू बदलकर देख ले...।" इस जवाब से आहत बाबा लौंडे को उसी चुनरी से खींचकर पेड़ से बाँध देते हैं और ख़ुद लड़की के पीछे भाग लेते हैं। तोता ख़ुश होता है और पीपल के पत्ते झड़ने लगते हैं। कालांतर में पता चलता है कि बाबा लड़की के प्रेम में पड़ जाने से दाढ़ी-मूँछ कटाकर लौंडे हो जाते हैं, और पेड़ से बँधा लौंडा तोते का ख़याल रखते-रखते अपनी दाढ़ी बढ़ा लेता है। अब पीपल अपना विस्तार बढ़ा चुका है और तोता जब भी चीख़ने जाता, "फिर वही कहानी..." तो उसके मुँह से सीटी बजने लगती!

मैं बूढ़ा हो चला हूँ... जैसे दूर भविष्य में एक आम का पेड़ है। फिर वह बूढ़ा, उस आम के पेड़ का सपना देखता है कि वह उस पेड़ पर बैठकर आम खा रहा है। मेरी नींद खुलती है...

अभी चल रही लतर-पतर ज़िंदगी में यह सपना, मेरी सुबह को एक मुस्कुराहट से भर देता है। अचानक बहुत सादगी महसूस होती है। मेरे हर बार आँख खोलने पर सुबह कहानियों से भरी बुक-शेल्फ़ सामने दिखती है। हर सुबह एक किताब निकाल लेता हूँ और उसे रात में देखे हुए सपने के सुर में पढ़ना शुरू करता हूँ। लगने लगता है कि किताब रात में देखा मेरा सपना सुना रही है। अचानक वह कहानी बहुत निजी हो जाती है, इतनी कि मानो कल रात ही मैंने इसे छुआ था। चाय बनाते वक़्त लगता है कि कहानी और सपना दोनों गड्डमड्ड हो गए हैं। मैं बालकनी में आकर बैठता हूँ, मानो पेड़ पर बैठा हूँ। अब आम के बदले हाथ में चाय है और सपनों-सी किताब को कोई बूढ़ा पढ़ना शुरू करता है।

‘मैं वह नहीं हूँ जो दिखता हूँ, मैं वह हूँ जो लिखता हूँ।’ यह वाक्य अभी दिमाग़ में आया और लगा इसे लिख देना चाहिए। अपने फ़ोन में नोट खोला और लिख दिया। बहुत आनंद है इस तरह कहीं भी, कभी भी, कैसा भी लिख देने में। यह पूरा होते ही मैं इसे इंस्टाग्राम पर पोस्ट कर दूँगा, मानो अंतरिक्ष में संदेश छोड़ा हो। कौन, कब, कहाँ, कैसी स्थिति में इसे पढ़ेगा इसका कोई अंदाज़ नहीं है। लेकिन यह मुक्तता कि मैं अपनी इंस्टिंक्ट पर कुछ भी लिख सकता हूँ कितनी आज़ादी देती है! इस लिखने में अच्छा-बुरा कुछ नहीं है। यह एक यात्रा जैसा है। जो भी घट रहा होता है, वैसा ही संसार आपको दिखने लगता है। मैं उस घटने को दर्ज कर रहा होता हूँ—जैसे का तैसा। ये परत-दर-परत प्याज़ के छिलके निकालने जैसा है, अंत में कुछ नहीं मिलेगा—यह पता होने के बावजूद।

निर्मल और विनोद! इन दोनों नामों में कितनी ख़ूबसूरती हैं। दोनों मेरे प्रिय लेखक हैं। मैं निर्मल वर्मा से कभी मिल नहीं पाया, पर विनोद कुमार शुक्ल से मिलने का सौभाग्य मुझे मिला। मुझे याद है कि जब रायपुर में मैं उनका घर खोज रहा था। अचानक एक घर के सामने उनका नाम लिखा देखा। मैं स्तब्ध रह गया। उनकी सारी कहानियाँ-उपन्यास मेरी आँखों के सामने घूमने लगे। मैं बुरी तरह स्टार स्टक था। मैं एक दोस्त के साथ गया था, जो मुझे उनके घर की घंटी बजाते ही दिखना बंद हो गया था। कुछ देर में विनोद कुमार शुक्ल मेरे सामने खड़े थे। वह जाँघिया और फटी हुई बनियान में थे। मुझे लगा कि ये वह नहीं हैं। यह उनके उपन्यास का कोई पात्र है। मुझे सिर्फ़ उनके पैर दिखे और बिना देरी किए मैं नतमस्तक था। वह झेंप गए, "आप लोग बैठिए, मैं कुछ पहनकर आता हूँ।" हम भीतर बहुत ही सादे-से कमरे में जाकर बैठ गए। पूरे कमरे में सिर्फ़ एक मुक्तिबोध की तस्वीर लगी थी। मुझे याद है जब मैंने विनोद जी को फ़ोन किया था, उनकी आवाज़ सुनते ही मैं काँपने लगा था। ज़बरदस्ती के अँग्रेज़ी शब्द मुँह से निकलने लगे। कुछ देर की हड़बड़ाहट के बाद मैंने उन्हें 'आई लव यू' कहा और फ़ोन काट दिया था। अभी उनके कमरे में बैठे हुए, मैं अपनी उस हरकत पर बहुत झेंप रहा था कि कुछ देर में वह एक सादी-सी पैंट पहने सामने आए।

"कैसे हैं आप?"

"मैं अच्छा हूँ। थोड़ी तबियत ठीक नहीं रहती आजकल।" उन्होंने कहा और मुझे उनकी बहुत चिंता होने लगी। मैं अभी भी उनकी फटी

हुई बनियान देख रहा था। कुछ देर में उन्होंने कहा, "देखो मानव यथार्थ तो झूठ है, कल्पना सच है।" यह सुनते ही मैं बिखर गया था। उसके बाद बहुत देर तक मुझे कुछ सुनाई नहीं दिया। कुछ देर में उनकी पत्नी चाय और कुछ बिस्किट लाईं... मुझे लगा कि यह रियल नहीं है। यह दीवार की खिड़की से कूदकर एक पात्र आया है, जिसे वह अपनी पत्नी बता रहे हैं।

बड़े भोलेपन से उन्होंने अपनी ही 'हताशा से एक व्यक्ति बैठ गया था' सुनी (YouTube : Hindi Kavita), फिर कहने लगे, "मैं अपनी नहीं तुम्हारी कही हुई कविता सुन रहा था।" उनकी आँखें नम हो गई थीं। कितना प्रेम है मुझे उनसे, मैं बयान नहीं कर सकता। उन्हें शायद इस बात का अंदाज़ भी नहीं है कि लोग उनके लेखन के कितने क़ायल हैं। आज अपनी पहली किताब ('ठीक तुम्हारे पीछे') विनोद जी को दी तो हाथ काँप रहे थे। उन्होंने भूमिका पढ़कर कहा, "अच्छा लिखा है!"

"नहीं विनोद जी, सब झूठ है... बस आप सच हैं।" मैंने बहुत झेंपते हुए कहा।

वह बहती नदी हैं। मेरा सारा लिखा हुआ उनके सामने एक लोटा मैला पानी भर है। उनसे मिलकर लगता है कि मानो बहुत तेज़ गर्मी में पीपल की ठंडी छाँव मिल गई हो। जब हमने उनसे विदा ली तो मेरे दोस्त ने कहा, "अबे तुम्हारे तो पैर काँप रहे थे पूरे वक़्त, तुम कुछ बोल ही नहीं पा रहे थे।" मुझे कुछ याद नहीं था, पर मैंने तुरंत उससे पूछा, "मैं उनसे प्रेम करता हूँ, यह तो कहा न मैंने?" वह झेंपते हुए बोला, "हाँ, यह तुमने कई बार कहा।"

एक दिन मैंने देखा कि मेरे पिता मेरी कहानियों की किताब 'ठीक तुम्हारे पीछे' अपनी गोदी में लिए हुए हैं। उनके हाथों में लेंस है और वह कहानियाँ पढ़ने की कोशिश कर रहे हैं। उनकी आँखें बहुत कमज़ोर हो चली थीं, सो पढ़ने के लिए चश्मे के साथ उन्हें लेंस भी हाथ में लेना होता था। मैं उनके पास गया और सोचा उन्हें मना कर दूँ कि रहने दीजिए, ये अजीब कहानियाँ हैं। पर उनकी तल्लीनता ऐसी थी कि मुझे लगा, मुझे यहाँ से चले जाना चाहिए। मैं निकल ही रहा था कि उन्होंने मुझे ऐसे देखा, जैसे मुझे पहचानते ही नहीं हैं। कुछ अजीब-सा सवाल था उनकी आँखों में जिसे देखकर मैं डर गया। वह वापिस कहानी पढ़ने लगे। मैं वहाँ से निकल गया।

मेरे पिता सीधी सोच वाले इंसान हैं। उन्हें लेखन, नाटक, अभिनय कभी समझ में नहीं आए। मेरी और उनकी बात कभी भी लिखने पर नहीं हुई। आज तक उन्होंने मेरा कोई नाटक नहीं देखा। मुझे यह बहुत सही लगता है कि जो काम उन्हें नहीं करना है, उसे वह कभी नहीं करते हैं। पर आज अचानक मेरी कहानियों की किताब उनके हाथ में देखकर मुझे बहुत आश्चर्य हुआ। अचानक मैं अपनी कहानियों में उनकी मौजूदगी के बारे में सोचने लगा। मैंने उन्हें कितना सारा बनाया-बिगाड़ा है, पर अंत में उन्हें पाया भी वहीं है। मुझे पता है सब

काल्पनिक है, पर मेरे पिताजी बहुत सीधे हैं। वह फ़िक्शन का अर्थ नहीं जानते।

मैं घबराकर तुरंत उनके कमरे में गया और कहा, ‘‘पिताजी, यह सब फ़िक्शन है, आप समझते हैं ना?’’ उन्होंने किताब से अपना चेहरा उठाया और मुझसे कहा, ‘‘क्या तुम जो जी रहे हो उसे सच मानते हो?’’ मैं उन्हें देखता रहा, जैसे पहली बार उन्हें देख रहा हूँ।

किसी भी कहानी में हारा हुआ पात्र हमें बेहद आकर्षित करता है। हम उस पर फ़िदा हो जाते हैं। जीने में हम अपनी जीत को हमेशा आगे रखते हैं। हमारी जीत के क़िस्से कितनी ही बार हमने लोगों को सुनाए हैं और सारा कुछ सुनाने के बाद हम हर बार चुप हो जाते हैं। जीत की कहानियाँ ख़त्म होते ही खोखली लगने लगती हैं। जीत की परत हटते ही, हारा हुआ ताकता दिखता है और हम तुरंत महफ़िल छोड़ देते हैं। हमारा जीवन बाहर से लोगों को एक सुंदर घर दिखता है। इन्हीं सुंदर घरों के स्टोर रूम में कहीं पीछे की तरफ़ हमने अपनी हारें छिपा रखी हैं। हम जिस भी चीज़ को छुपाकर रखते हैं, वह हमेशा हमारे लिए बहुत निजी हो जाती है—कुछ बहुत अपनी-सी। हम सभी बहुत बार हारे हैं। हम सबके सुंदर घरों के स्टोर रूम हमारे अधूरे टुकड़ों से भरे पड़े हैं। शायद इसलिए हारे हुए पात्र कहानियों में हमेशा छू जाते हैं। जीत कितनी पराई है और हार कितनी अपनी!

बहुत दिन घर में गुज़ार दूँ तो बाहर टहलने के लिए चप्पल पहनते वक़्त हमेशा जूतों पर निगाह पड़ती है। मैंने बहुत समय से उन्हें पहना नहीं है। जूते हमेशा लंबी यात्रा की याद दिलाते हैं या यूँ कहें कि जूता उपन्यास लिखने जैसा है और चप्पल छोटी कहानियों की तरह है, जिसे पहनकर मैं यहाँ-वहाँ टहल आता हूँ। इन सब में नाटक और कविता नंगे पैर चलने की तरह है, जिसके लिए घर का दायरा ही काफ़ी होता है। मुझे लगता है कि अभी उपन्यास लिखने की मेरी उम्र नहीं है, पर मुझे लंबी यात्राओं का नशा है। अगर लिख नहीं सकते तो एक उपन्यास पढ़ा तो जा ही सकता है। सो जूतों को दिलासा दिया, चप्पलों से कहा कि जूतों को कहना कि एक उपन्यास ख़रीदने जा रहे हैं। बारिश में अगर अच्छा लेखक मिलेगा तो लंबी यात्रा तय है।

कहानी ज्यों ही लिखकर ख़त्म करता हूँ, लगता है कि मैंने किसी को धोखा दिया है। एक राज़ था जिसे सालों से मैं अपने भीतर पाले हुए था। एक अच्छे मित्र की तरह, उस राज़ को मैंने भुना लिया है। मैंने उस संबंध का फ़ायदा उठा लिया है। पर यह छोटा धोखा है। मुझे बड़ा धोखा उस कहानी के साथ लगता है, जिसे मैंने अभी-अभी पूरा किया है। हम दोनों काफ़ी समय से एक दूसरी ज़िंदगी जी रहे थे—साथ-साथ। अचानक मैंने उस कहानी का अंत ढूँढ़कर उसे ख़त्म कर दिया। यह हिंसा है, बहुत समय तक इसकी ग्लानि बनी रहती है। बाद में जो दुख रह जाता है, वह इस बात का है कि अंत में सब कुछ सामान्य हो जाता है।

कुछ नाटक कभी पूरे नहीं हुए, कुछ कविताएँ वैचारिक बहसों की बली चढ़ गईं और कई कहानियों में संबंध इतने उलझे कि उन्हें छूते ही हाथ जलने लगे... फिर याद आए वे कोरे पन्ने जिनके सामने कई दिन बिताकर कहानी तो जी ली, पर एक शब्द ने भी उस कोरेपन को गंदा नहीं किया। मैं आज भी उन कहानियों के बारे में सोचकर मुस्कुरा देता हूँ, जिन्हें कभी लिखा नहीं गया और जिन्होंने खुद की और कोरे पन्नों की पवित्रता को बने रहने दिया। लेकिन आज कोलकाता के इस इंडियन कॉफ़ी हाउस में बैठकर अचानक एक कहानी याद हो आई। क्या उसे याद होगा इस इंडियन कॉफ़ी हाउस में बैठकर एक कहानी लिखना? पुरानी भूली-बिसरी यादों जैसी कहानी। मैं यहाँ उसके सामने बैठकर वह कहानी उसी के लिए लिख रहा था। सोचा था ताज़ी कहानी लिखकर सुनाऊँगा उसे। वह कहानी कभी पूरी नहीं हुई, क्योंकि जब वह उठकर जा रही थी, तब मैंने कहानी में लिखा था, "वह वापिस आती है..." पर वह कभी वापिस नहीं आई, फिर कहानी क्योंकर आगे बढ़ती?

आज फिर सालों बाद मैं वापिस कलकत्ता के इंडियन कॉफ़ी हाउस की उसी टेबल पर बैठा हूँ और देख रहा हूँ सामने पड़ी ख़ाली कुर्सी को। सोच रहा हूँ कि क्या 'वह वापिस आती है' को काटकर 'वह उठकर चली जाती है' लिख दूँ और इस कहानी को पूरा कर दूँ? या इस कहानी की पवित्रता को बने रहने दूँ, इसे कभी पूरा न करूँ?

शाम, शाम आज नीरस थी। घर से निकला तो पूरा शहर अपनी पूरी भीड़ के साथ बाँहें पसारे सामने खड़ा था और आसमान सुर्ख़ और स्याह हुआ पड़ा था। पिछले बहुत दिन बहुत कठिन बीते थे, सो मेरा सिर भारी था। मुश्किलें जब बहुत आती हैं, तब असल में सब आसान लगता है। इस तरह की बातें लिए मैं देर तक टहलता रहा, फिर सब कुछ बहुत भारी लगने लगा और मैं हारा हुआ-सा वापिस घर आ गया। देर तक पलंग पर पड़ा हुआ अपने कमरे की छत ताकता रहा। पंखे के दाहिनी तरफ़ मैंने उन सपनों को रखा है, जिनके पूरा होने की गुंजाइश ख़त्म-सी मालूम होती है। बाईं तरफ़ ज़िद्दी सपने हैं, उन पर मेरा भी बस नहीं है। दीवारों को देखता हूँ तो वे मासूम-से हल्के सुख लिए खड़ी हैं—जैसे चिड़िया के चहकने की मुस्कुराहट, बिस्तर पर चाय पीने की चाहत, सिगरेट नहीं पिऊँगा में उसके जला लेने की बग़ावत, बाहर दरवाज़े पर बिल्ली की आहट।

अब देर रात हो चुकी है। देर रात की चाय ने नींद को सीढ़ी से नीचे ठेल दिया है, सो अरुंधती की किताब के पन्नों में मैं पुरानी दिल्ली की तरफ़ निकल पड़ा हूँ!

पिछले कुछ दिनों से पॉल ऑस्टर और जे. एम. कोएटज़ी के बीच हुआ पत्राचार पढ़ रहा हूँ। मुझे किताब का नाम बेहद पसंद हैं—"हियर ऐंड नाउ"। दो बड़े लेखक—खेल, लेखन, अर्थशास्त्र, दोस्ती, बूढ़ा होना—हर विषय पर कितनी सरलता से लिख रहे हैं। मैं इस किताब को रोज़ लगभग ऐसे पढ़ता हूँ कि जैसे एक ख़त मुझे भी आया है आज। सुबह मैं पॉल का जवाब/ख़त पढ़ता हूँ और शाम का इंतज़ार करते हुए अपनी बालकनी में चाय के साथ कोएट्ज़ी को। मैं शाम कोएट्ज़ी को क्यों पढ़ता हूँ, मुझे नहीं पता। मैंने कभी पॉल के ख़त शाम को नहीं पढ़े। कुछ लेखक उस संगीत की तरह हैं, जिस संगीत को सुनकर हम सुबह उठना पसंद करते हैं। इस संगीत को हम अपनी शाम के होने में शामिल नहीं करना चाहते। मैं इन दोनों के बीच डाकिये जैसा कुछ हो गया हूँ, नहीं डाकिया नहीं—लेटर बॉक्स। ठीक इस वक़्त रात के तीन बज रहे हैं। बाहर अभी ज़ोरों की बारिश शुरू हुई। मैं 'लेटर बॉक्स' शब्द लिखकर मुस्कुराया। तुरंत बालकनी में भागा। याद आया कि चाय का कप तो टेबल पर ही छूट गया है। वापिस आया और चाय का कप लेकर बालकनी में बैठ गया। बहुत हल्की बारिश की फ़ुहारें चेहरे पर पड़ रही थीं। पूरी कॉलोनी में सन्नाटा था। मैं बची-खुची आवाज़ों पर ध्यान देने लगा। आँवले का पेड़ अपनी पत्तियाँ छोड़ रहा है, बालकनी के नीचे पीला क़ालीन बिछ गया है। मैं वापिस भीतर आया, मानो मुझे कुछ याद आया हो और मैंने वॉन गॉग के कुछ पत्र पढ़ डाले—'मुझ पर भरोसा रखना' किताब का नाम है। हर बार एक अजीब आदत-सी पड़ी है कि ख़ुद को समेट लो। झाड़ू लगाकर

सारे बिखरे हुए को एक तरफ़ कर दो। दो बजकर पैंतीस मिनट पर नींद खुली थी। मैं फिर सो जाता तो समेट लेता ख़ुद को, पर मैं उठ बैठा। लिखना, चाय, बारिश और चुप्पी। अभी कुछ देर में मैं नीचे जाऊँगा—सुबह होने को देखने। कॉलोनी के गेट पर एक चायवाला है, जो सुबह पाँच बजे दुकान खोल देता है। पीले बल्ब की रोशनी में जब वह मुझे सुबह-सुबह आता हुआ देखता है, मुस्कुरा देता है। शुरू के कुछ दिनों में मुझे लगता था कि वह मेरे ऊपर हँस रहा है (इस शहर में आप अपने अकेलेपन पर झेंपना शुरू कर देते हो)। पर मैं ग़लत था। वह स्वभाव का अतिउत्साही व्यक्ति है। सुबह-सुबह मुझ जैसे आदमी को देखकर वह प्रसन्न हो जाता है। बारिश अभी रुक गई है। कुछ घरों से खाँसने-बुहारने की आवाज़ें आने लगी थीं। यह शहर ज़िंदा हो रहा है। सुबह हो रही थी और मैंने तय किया कि मैं आज उस चायवाले का नाम पूछूँगा, पर बस नाम... और उसे पॉल का एक ख़त सुनाऊँगा, मानो वह मेरे लिए आया हो।

अचानक लगता है कि कुछ दिन यूँ ही सोते हुए बीत गए हैं। आज की तारीख़ देखने पर अचरज होता है। हिसाब लगाने बैठो तो पुराने दिन धुँध में डूबे हुए लगते हैं। कुछ पकड़ में आता है, कुछ छूटा रहता है हमेशा के लिए। क्या सच में कुछ छूट जाता है—हमेशा के लिए? क्या इस जन्म में उससे फिर वास्ता नहीं पड़ेगा? इन सबके बीच में हृदय अपनी एक धड़कन खो देता है। हाथ उठता है और माथा सहलाने लगता है। गहरी साँस लेने से आँखों के किनारे पानी नज़र आता है। ऐसा तब होता है, जब कभी तुम्हारा नाम कहीं दबे हुए के बीच में से छूट जाता है, "ओ मेरी कविता..." मेरे लिए छूटे हुए सघन प्रेम और कविता के बारे में बात करना एक ही है। कहानियों, नाटकों और अभिनय के बीच मैंने तुम्हें कहीं भीतर दबा रखा है, छुपाया नहीं है। तुम छूट गई हो कविता। मैं तुम्हें अब नहीं लिख सकता हूँ। तुम्हारे साथ ख़रीदे मेरे जूते अब मुझे काटते हैं। उनमें रहकर बहुत दूर चला नहीं जाता। ये जूते तब भी काटते थे मुझे, पर लगता था कि वह जूता ही क्या जो हर चाल में अपनी उपस्थिति दर्ज न कराए। अब तुम अनुपस्थित हो, जैसे मेरा पुराना घर इस नए घर में अनुपस्थित है। इस वक़्त भी लिखते हुए तीव्र इच्छा हो रही है कि अभी पीछे पड़े हुए कोरे पन्नों को उठाऊँ और एक कविता लिख डालूँ। मैं तुम्हें महसूस कर सकता हूँ, सूँघ सकता हूँ। मुझे पता है कि दरवाज़े के दूसरी तरफ़ तुम हो, बिना आहट के सिर झुकाए तुम मेरे कोरे पन्ने की तरफ़ बढ़ने का इंतज़ार कर रही हो। लेकिन मैं अब कविता नहीं लिख सकता। कितनी क्रूरता थी इसमें कि तुम मुझे छोड़कर चली गई! तुम्हारे जाने के बाद

जाने कितनी लंबी शामें, गहरी रातें, नीरस दुपहरें मैंने उन कोरे पन्नों के सामने बिताईं, पर तुम वापिस नहीं आई। दूसरे जब अपनी कविता सुनाते, मुझे लगता कि यह मेरी ही कविता है जो उनके साथ रहने लगी है—जलन, घनघोर जलन।

कविता असल में बहुत समय तक टिकती नहीं है। अब आजकल मैं अपनी कहानियों में, अपने अभिनय में, अपने नाटकों में उससे मिल लेता हूँ। हम कुछ देर बैठकर बातें करते हैं, साथ चाय पीते हैं और मैं उसे कुछ देर में चले जाने के लिए कहता हूँ। वह ज़्यादा बुरा नहीं मानती। मुझे भी अब इसका बहुत दुख नहीं होता है।

'A Very Easy Death' by Simone de Beauvoir.

"Whether you think of it as heavenly or as earthly, if you love life, immortality is no consolation for death."

हॉस्पिटल में माँ के चेहरे के बदलते रंगों में, उनके सपनों में, उनके दिखने और नहीं दिखने में दिन का सरकना। मृत्यु को अपनी माँ के अगल-बग़ल देखना और कुछ न कर पाना। माँ की पीड़ा जिसमें उन्हें मृत्यु जल्दी आ जाए बिना तड़पे, यह प्रार्थना करना और फिर उस प्रार्थना का गिल्ट... एक बूढ़ी माँ का मरना बहुत स्वाभाविक है, पर सिमोन ने जिस तरह बहुत स्वाभाविक ढंग से उनके अंतिम दिनों का ब्यौरा लिखा है, हम पर मृत्यु असर करने लगती है, "When someone you love dies you pay for the sin of outliving her with a thousand piercing regrets." आख़िरी पन्नों में जब मृत्यु के बाद माँ चीज़ों में बँट जाती है, सिमोन की बहन उनका रिबन रखना चाहती थी, पर उससे क्या होगा? जब उन्हें क़ब्रिस्तान ले जाया जा रहा था तो सिमोन की बहन ने कहा, "When someone you love dies you pay for the sin of outliving her with a thousand piercing regrets." हम किसी के चले जाने की ख़ाली जगह को किस तरह भर सकते हैं? हमें हर बार लगता है कि वह गुण हमें आता है, पर हम हर बार हारे हुए उन ख़ाली जगहों में अपनी ही आवाज़ को गूँजता हुआ सुनते हैं। हम सबने अपने माँ-बाप की मृत्यु की कल्पना की है, पर हम कभी भी उसके लिए ख़ुद को तैयार

नहीं कर सके। सिमोन जितनी बार किताब में अस्पताल का कमरा नंबर 114 लिखती हैं, मैं ख़ुद को उस कमरे के बाहर खड़ा पाता हूँ। मैं जब दुबे जी (पं. सत्यदेव दुबे) को देखने अस्पताल गया था, वह कोमा में थे। यह उनकी मृत्यु के कुछ दिन पहले की बात है। बिल्कुल चुप और शांत मैं उनके पास खड़ा था, तभी पता नहीं मुझे क्या हुआ कि मैंने उनके माथे पर अपना हाथ रख दिया (जब वह ज़िंदा थे, मेरी कभी हिम्मत नहीं थी कि उनका माथा छू दूँ), शायद वह कोमा में कुछ बुरा सपना देख रहे थे। उनकी देह बार-बार काँप जाती थी। उनके माथे पर हाथ रखते ही पता नहीं क्या हुआ कि मैं ज़ार-ज़ार रोने लगा। मैं ख़ुद को सँभाल नहीं पाया। 'A Very Easy Death' को पढ़ते वक़्त मुझे बार-बार दुबे जी का माथा छूना याद आ रहा था। पता नहीं, मैं अपने रोने को लेकर इतना झेंप क्यों रहा था! "There is no such thing as a natural death. Nothing that ever happens to man is natural, since his presence calls the whole world into question. All men must die, but for every man his death is an accident, and even if he knows it he would sense to it an unjustifiable violation."

सुबह,
बहुत सुबह उठना मुझे हमेशा से पसंद है। मैं अपने कमरे में अँधेरा रखता हूँ और बहुत धीमी गति से रोशनी का कमरे में प्रवेश देखता हूँ। तभी मुँडेर पर छोटी चिड़िया चहचहाती हुई दिख जाती है। इसका सुख पूरे दिन मैं अपने भीतर महसूस करता रहता हूँ। यह बहुत छोटी चीज़ है—जैसे ओस की बूँद को किसी तिनके पर ठहरे हुए देखना, गिलहरी की बहुत ज़रूरी छलाँगों को तकना, बिल्ली की चालाकी पकड़ना... ये वे आश्चर्य हैं, जिनका स्वाद देर तक मुस्कुराहट बनाए रखता है। बहुत छोटे कमरों में रहने के कारण शायद मुझे हमेशा छोटी चीज़ों में दिलचस्पी रही है। मुझे सूर्यास्त या सूरज का उगना कभी बहुत पसंद नहीं आया। यह मेरे लिए बहुत बड़ी चीज़ है। मुझे इन दोनों का असर बहुत छोटी चीज़ों पर देखना बहुत पसंद है।

बहुत पहले नैनीताल की सुबह देखी थी। एक झाड़ू लगाता हुआ आदमी, चाय की दुकान का खुलना, दूर एक मंदिर में भजन की शुरुआत। हरिओम शरण का वह भजन अभी भी याद है। वह बिल्कुल पुणे में देखी सुबह जैसी थी, पर फिर भी बहुत अलग। अख़बारवालों का साइकिल पर निकलना, दूधवालों के डिब्बों की टन-टन आवाज़, पहली चिड़िया की अलसाई पहली चहचहाहट... यह सब किसी नाटक के पैदा होने जैसा लगता है और यह सब सिर्फ़ सुबह के पात्र हैं। हर शहर में, हर गाँव में, हर देश में यह अपने नाटक की शुरुआत बिल्कुल अलग तरीक़े से करते हैं। नाटक एक ही है, पात्र भी लगभग वही हैं, पर नाटक बिल्कुल अलग। शुरुआत मुझे हमेशा बहुत पसंद

है। किसी नाटक की शुरुआत के वक़्त मैं बहुत उत्साहित रहता हूँ, चाहे फिर उसे मैं लिख रहा हूँ या देख रहा हूँ। एक गुदगुदी बनी रहती है—संभावनाओं की।

दुपहर,

मुझे दुपहरें भी बहुत पसंद है। मेरे गाँव की दुपहर मुझे बहुत याद आती है। एक बाड़ा था और करीब छह परिवार साथ रहते थे। दुपहर में हमेशा बाड़े में उत्सव का माहौल रहता था। मुझे उन दुपहरों के अँधेरे कोनों में खेले जा रहे खेल बहुत सुंदर लगते थे। छोटे सीक्रेट, लुका-छिपी, डॉक्टर-डॉक्टर, ऑफ़िस-ऑफ़िस, एक गुप्त कोना, एक बिल्ली जिससे देर तक बात करना, एक नदी, पर पूरी नदी नहीं उसका एक छोटा किनारा।

मुझे वह दुपहर बहुत अच्छी तरह याद है, जिसमें मैंने 'शक्कर के पाँच दाने' का पहला शब्द लिखा था, "मैं लड़ रहा हूँ।" मेरे लगभग सारे नाटकों की शुरुआत दुपहर के ख़ालीपन में हुई है और हर नाटक की शुरुआत का वक़्त मुझे बहुत अच्छी तरह याद है। उस वक़्त किस तरीक़े का संगीत बज रहा था, वह भी मुझे याद है। यह अजीब है कि मुझे सुबह होते देखना पसंद है, पर मेरे सारे कामों की शुरुआत लगभग दुपहरों में हुई है। कल दुपहर मुझे मेरी बालकनी पर चींटियों की रेल दिखी। उसका आरंभ और अंत देखने की उम्मीद इतनी थी कि मैं अपने उत्साह को रोक नहीं पाया। पर तुरंत मेरी दिलचस्पी बदल जाती है, जब मैं उन चींटियों के बीच एक ऐसी चींटी को देख लेता हूँ जो पूरी तरह चींटियों के काम करने के नियमों का पालन नहीं कर रही होती। उस चींटी की चाल में मस्ती होती है। हम सब कितना डरते हैं कि कहीं हम चली आ रही लाइन से अलग न हो जाएँ या अलग न कर दिए जाएँ। एक अच्छे आदमी बने रहने के सारे नियम हम कितनी संजीदगी से निभाते हैं! क्या हमारी चाल में मस्ती है?

शाम,

शामें अधिकतर टहलने में गुज़रती है। शाम को मेरे संबंध हमेशा किसी न किसी से बन जाते हैं। जैसे मेक्लॉडगंज में एक पेस्ट्री वाला था—कृष्णा। मेरी शामें वहाँ उसके साथ बीतती थीं। उसकी भोली बातों पर हम दोनों ठहाके लगाते रहते थे। मुझे याद है कि वह पास के हनुमान मंदिर में बजरंगबली को रोज़ गरियाता था, "अपना गदा रखो और मेरा कुछ काम करो।"

उत्तराखंड के पहाड़ों पर हंसा था, जिसके साथ वहाँ के जंगल और भी दिलचस्प हो गए थे।

मेरी बिल्डिंग के नीचे एक गोलगप्पे वाला है। वह मुझे बेकेट के अब्सर्ड नाटकों का पात्र लगता है। मेरे और उसके संवादों में कोई भी तालमेल नहीं होता। मैं अगर उससे कहूँ कि आज बहुत अकेलापन लग रहा है, वह कहता है कि पानी में मिर्ची थोड़ी तेज़ है आज। मैं कहता हूँ कि यह फ़िल्म देखी तुमने ? वह कहता है कि कल बारिश की वजह से आ नहीं पाया, आप कहीं मुझे ढूँढ़ तो नहीं रहे थे ? उस गोलगप्पे वाले के साथ अपना वक़्त बिताना मुझे बहुत अच्छा लगता है। मैंने अपनी बहुत निजी तकलीफ़ों को उससे बिना हिचके कह दिया है और उसके दिए सारे जवाब रामबाण की तरह काम करते हैं। मुझे लगता है कि एक पूरा दिन बिता लेने के बाद—ठीक रात में घुसने से पहले—लोग उस दिन के बारे में किसी से बात करना चाहते हैं। इसलिए शायद वे शामें ही हैं, जहाँ मैंने अपने बहुत सुंदर दोस्तों को पाया है।

रात,

रात धीमे संगीत की तरह होती है। मैं लाइट तब तक नहीं जलाता जब तक कमरे से दिन का क़तरा-क़तरा न निकल जाए। तब लगता है कि किसी नाटक का अंत हुआ है—फ़ेड आउट! अगर इस फ़ेड आउट में अच्छा संगीत मिला दिया जाए तो वह दिल को छू देने वाला अंत

हो सकता है। ऐसे वक़्त मैं चाय नहीं कॉफ़ी बनाता हूँ। मैंने अपनी अधिकतर पढ़ी किताबों को ठीक इन्हीं रातों में कॉफ़ी पीते हुए ख़त्म किया है। लंबी चली आ रही किसी कहानी को ख़त्म करने का इससे सुंदर वक़्त कौन-सा हो सकता है? ऐसे वक़्त में पढ़ी हुई किताबों को फिर से पढ़ने के लिए भी उठाता हूँ। पढ़ी हुई किताबों को फिर से पढ़ने का एक अलग सुख है। वे दूसरी बार में आपकी अपनी हो जाती हैं। आपके अपने जिए हुए की ख़ुशबू उस किताब के पन्नों से आने लगती है। मैं बहुत देर रात तक नहीं जागता हूँ। सुबह होते देखने का उत्साह, मुझे हमेशा जल्दी सुला देता है। एक ड्रिंक, हाथ में सिगरेट, उल्टी पड़ी कोई किताब और पीछे हल्के सुर में चलता हुआ संगीत। इस दृश्य में कब मैं सो जाता हूँ, मुझे पता ही नहीं चलता।

फिर सुबह,
आज फिर बहुत सुबह उठ गया हूँ। अभी रोशनी ने कमरे में प्रवेश किया है और उसके साथ कबूतरों, चिड़ियों की आवाज़ ने भी। बाहर दो चीलें भी अपने करतब कर रही हैं। सामने के पेड़ पर सात चिड़ियाँ बैठी हुई हैं। 'नोट्स फ्रॉम ए स्मॉल रूम' किताब को फिर से पढ़ते हुए दिन की शुरुआत हुई, उस किताब का अंश :

"Happiness is as exclusive as a butterfly, and you must never pursue it. If you stay very still, it may come and settle on your hand. But only briefly. Savour those moments, for they will not come in your way very often."— Ruskin Bond

हर चीज़ इतनी बिखरी हुई क्यों हैं? सोचा सबसे पहले घर को बिल्कुल घर जैसा किया जाए। हमेशा से लगता था कि अगर झड़ रही पपड़ियों को एक बार अच्छे से साफ़ कर दूँगा तो घर वापिस घर-सा हो जाएगा! पपड़ियों को साफ़ करने गया तो दरारें दिखने लगीं। घर की दरारों को कैसे भरा जा सकता है? सोचा कि इन सारी दरारों को लिखूँगा, इतनी ईमानदारी से लिखूँगा कि सारी की सारी दरारें भर जाएँगी। घर वापिस नया हो जाएगा—बिल्कुल हमारे बचपन-सा। जब लिखने बैठा तो घर के ढेरों अँधेरे कोने उभर आए। बहुत-सी असहज कर देने वाली कहानियाँ निकलीं। मैंने देखा, लिखने की वजह से घर में कुछ नई दरारें बढ़ गई थीं। घर छलनी-छलनी-सा हो चला था। अब जब ही सूरज उगता तो रोशनी आर-पार हो जाती। घर में कुछ भी घर जैसा टिकता नहीं था। लेखक होने की एक त्रासदी है कि हर वह चीज़ जिससे दरारें भरी जा सकती थीं, जिससे घर, घर बन सकता था... वह उन सारी चीज़ों का इस्तेमाल अपने लिखने में करना सीख गया था।

सुबहों में हर नई किताब की शुरुआत के पहले मैं देर तक उसे सूँघता हूँ। आह! नई किताब की ख़ुशबू। कुछ ही देर में एक आवाज़ खखारकर अपना गला साफ़ करती है और लेखक अपनी डेस्क पर, पूरी ख़ूबसूरती के साथ बैठा दिखाई देता है। मैं पढ़ता नहीं हूँ, मैं इंतज़ार करता हूँ—उसके पहले पेग के ख़त्म होने का, उसके सिगरेट का एक लंबा कश लेने का... और फिर वह मेरी तरफ़ मुख़ातिब होता है। मैं भूमिका ख़त्म कर चुका होता हूँ और वह ठीक मेरे कानों के पीछे फुसफुसाना शुरू करता है। इस तरह एक यात्रा प्रारंभ होती है। मैं उपन्यास पढ़ना शुरू करता हूँ।

वेटर एक शुगर फ्री ले आया, कहने लगा कि यह फ्री है। आप इसे घर ले जा सकते हैं। मुझे फ्री की कोई भी चीज़ पसंद नहीं है। सो मैंने कहा, "मुझे नहीं चाहिए।" उसने कहा, "मैं आपके टेबल पर रख देता हूँ, अगर बाद में आपका मन बदल जाए तो ले जाइएगा।" मुझे लगा कि वह मुझको मुझसे ज़्यादा जानता है। वह ख़ाली कप उठाकर ले गया। अब मैं उस फ्री शुगर फ्री के साथ अकेला बैठा था। मैं अपने घर में उसके इस्तेमाल की कल्पना करने लगा। कुछ ही देर में मुझे उसकी ज़रूरत अपने घर में दिखने लगी। सुबह की चाय में, शाम के ख़ालीपन की कॉफ़ी में... यूँ ही स्वास्थ के लिए भी। सामने रखी फ्री की वह चीज़, ज़रूरत की चीज़ बनने लगी थी। अगर मेरे सामने वह कोई पत्थर भी रख देता तो मैं उसकी जगह अपने घर में बना लेता। क्या मैं इस ख़ूबसूरत सुबह को अपने घर ले जा सकता हूँ? मेरे सामने बैठे उस ख़ाली बेचैन आदमी के चेहरे को जो हर आने वाले की आँखों में, किसी जानने वाले की झलक ढूँढ़ रहा है? उसने मुझे सबसे पहले अनदेखा कर दिया था। मेरी बीच में इच्छा हुई कि उसे अपनी टेबल पर आमंत्रित कर लूँ, पर वह बिदक सकता था। मैंने सोचा अगर वह पहल करेगा तो... पहल मतलब एक मुस्कुराहट मात्र और मैं कुछ क़दम आगे बढ़ाने की कोशिश करूँगा। पर उसके लिए मैं था ही नहीं। कुछ देर में मैंने भी अपने दरवाज़े उसके लिए बंद कर दिए। सामने खड़ी बस में भी कैफ़े जैसा हाल था। वे सब एक साथ, पर अपनी दुनियाओं में या अपने फ़ोन में सुन्न। किसी का किसी से कोई मतलब नहीं। एक-दूसरे के बजाय हम अपने फ़ोन या खिड़की

से बाहर देखना उचित समझते हैं। हम एक-दूसरे से इतने दूर क्यों हैं? हम नहीं, मैं। मैं सब लोगों से इतना दूर क्यों हूँ। इस सुबह में जाने कितने लोग हैं जो अकेले घूम रहे हैं। अकेलेपन में मैं उनके लिए और वे मेरे लिए वर्जित हैं। क्यों? बहुत कॉफ़ी पीने से अजीब-सी हरारत भीतर महसूस होने लगी थी। मैं अब असहज हो रहा था। यही सुबह जिसे पहली कॉफ़ी पर देखकर मुँह से आह निकली थी, वही तीसरी कॉफ़ी के बाद बोझिल हो रही थी। कुछ लिखने की कोशिश की, पर सब बचकाना-छिछला-ओछा लगने लगा। जो जी रहा हूँ उसके बाहर लिखना खोज रहा हूँ। स्वस्थ हूँ, अस्वस्थता ढूँढ़ रहा हूँ। मैंने फ़्री शुगर फ़्री नहीं उठाई। मेरे घर में अब भी उसके लिए जगह थी, पर उसकी जगह ख़ाली ही रहनी चाहिए। उसकी जगह मैं इस सुबह को ले जाऊँगा। ऐसा कुछ सोचकर मैंने अपने भीतर पल रहे रिरियाते लेखक को रोटी दी और कॉफ़ी हाउस से उठ खड़ा हुआ।

हर लड़ाई के पहले बहुत देर तक सोचता हूँ कि स्टेक पर क्या है?

हमारी लड़ाइयाँ भी कैसी हैं! सुबह चाय पीऊँ या कॉफ़ी, जूता पहनूँ या चप्पल, तेज़ चलूँ कि धीरे, उठ जाऊँ या बिस्तरे पर ही लोट-पोट होता रहूँ? ये छोटे-छोटे चुनाव ही हमारी लड़ाइयाँ हैं। पर असल में ये छोटे चुनाव और जीवन के बड़े-बड़े निर्णय बिल्कुल एक ही जैसे क्षणिक बिंदु पर टिके रहते हैं। दोनों पर एक ही बात लागू होती है—स्टेक पर क्या है? बार-बार यह सवाल गूँजता है। समस्या इस सवाल की नहीं है, समस्या इसके बाद शुरू होती है। किसी के चुनते ही जो नहीं चुना वह दिमाग़ में रह जाता है और जो चुन लिया वह हमारे थके हुए जीवन का हिस्सा बन जाता है।

ठीक इस वक़्त मैं चाय पी रहा हूँ, जबकि कॉफ़ी दिमाग़ में है। 'The Naive and the Sentimental Novelist' नाम की किताब बालकनी में ले आया, जबकि 'काफ़्का ऑन द शोर' बिस्तर पर पड़ी है। हाथ में ओरहन पामुक है और दिमाग़ में मुराकामी... है न दुविधा! मैंने चाय पीना बंद किया। कॉफ़ी बनाई और उसे बालकनी में लेकर आ गया, साथ में मुराकामी को भी ।

आप जीवन के बड़े-बड़े निर्णयों के साथ ऐसा नहीं कर सकते हैं। अब पामुक और मुराकामी, चाय और कॉफ़ी दोनों मेरे साथ हैं, सामने हैं। जब मैंने अपने सारे ऑप्शंस को अपने सामने पाया, तब चीज़ें कुछ ज़्यादा कांप्लेक्स हो गईं। अब न तो मैं कॉफी पी रहा हूँ, न चाय। दोनों किताबों के कवर पर आँखें जमाता हूँ, पर उठाता किसी को भी नहीं। मुझे अचानक हँसी आने लगती है। अभाव कई बार जीवन को

उसकी सरलता पर रखता है।

अब जब मैं बालकनी में बैठ कुछ नहीं कर रहा था तो एक अलग ही विचार दिमाग़ में चलने लगा।

भीड़ में रहकर अकेलेपन की कल्पना हमेशा सुख देती है, पर अकेले में अकेलेपन का स्वप्न क्या है? यह दोगलापन है। है न? यात्राओं की कल्पना में जब भी अपने घर के दरवाज़े पर ताला लगाता हूँ, दरवाज़ा वापिस खोलने का स्वप्न भीतर घर कर जाता है। 'दरवाज़ा वापिस खोलना' यह दूसरा बिंदु है। दूसरे बिंदु का स्वप्न टाइम और स्पेस को पैदा करता है। मेरा घर में ताला लगाना पहला बिंदु है और कुछ महीने बाद वापिस आकर ताला खोलना दूसरा बिंदु। इन दो बिंदुओं के बीच, मेरी पूरी यात्रा फ़िक्शन है। सारा कुछ एक कहानी में तब्दील हो जाता है, जिसकी शुरुआत मेरा घर में ताला लगाना है और अंत अपने घर का ताला खोलना है। अब यात्रा पर कौन निकला? मैं नहीं। मैं तो ताला लगाते ही जो वापिस आकर ताला खोलेगा के सपने में चला गया। अब ताला लगाऊँ या नहीं, फिर सोचने लगता हूँ कि स्टेक पर क्या है?

पूरी दुपहर देर तक अपने पुराने लिखे को देखते रहा। सोचा आज बात आगे बढ़ेगी, पर अंत में अपने सारे पुराने किए को डिलीट कर दिया। बात जहाँ से शुरू हुई थी, वहीं पर वापिस पहुँच गई। हाथ आया कोरा पन्ना। पर फिर भी, पता नहीं ऐसा क्यों महसूस हो रहा था कि आज कुछ काम किया। इस ख़ुशी ने पिछले एक हफ़्ते का पछतावा ख़त्म कर दिया। मैंने सोचा काम के न होने का दुख अब दुख कहाँ लगता है! सो ख़ुशी को जिया जाए। मैंने वह सोचना शुरू किया जो हर हारा हुआ व्यक्ति नई शुरुआत के वक़्त सोचता है।

मैंने ख़ुद से कहा, ''फिर एक कोरा पन्ना सामने है और पूरा ब्रह्मांड दिमाग़ में। चल फैंटम शुरू हो जा।''

वर्जीनिया वुल्फ के लेखन का सबसे असरदार पहलू शायद यह है कि वह आपके दिमाग़ में बहुत दिनों तक गूँजता है। लगातार वर्जीनिया वुल्फ को पढ़ते रहने से आप बहुत सूक्ष्म देखने लगते हैं। आज सुबह से दिमाग़ में एक शब्द बार-बार आ रहा है—पैटर्न। लिखने में हम सबसे ज़्यादा इसे महसूस करते हैं। किसी भी एक भाव को जब हम सबसे ज़्यादा जी रहे होते हैं या जब वह हमें सबसे ज़्यादा परेशान करने लगता है, तब हम उसके एक विचित्र मोहपाश में बँध जाते हैं। उसे हमें लिखकर अपने शरीर से निकाल देना होता है—कैसे भी। उस वक़्त हमारा जो भी लिखना चल रहा होता है, उसमें हम पाते हैं कि हम अचानक उसे लिखने लगे हैं, जिस भाव से हम पिछले कुछ समय से परेशान थे। हम लिखने लगते हैं और पैटर्न्स उभरने लगते हैं। हमको लगता है कि हम बस गोल-गोल घूम रहे हैं। फिर लगने लगता है कि असल में ये सारी चीज़ें एक साथ जुड़ी हुई हैं—एक सूत की तरह, जिसकी बात वर्जीनिया वुल्फ करती हैं। हमें जो बात सबसे ज़्यादा उद्वेलित कर रही है, हम उसे लिख रहे हैं। हम असल में बिल्कुल वैसा ही जी रहे हैं, जैसा हम जीना चाहते थे या अगर कोशिश करके हम कुछ अलग भी जीने लगें तब भी हम देखते हैं कि वह अलग जीना भी एक क़िस्म के पैटर्न में फ़िट होकर ठीक वहीं उसी जगह आ गया है, जिस जगह पर रहकर हम जीना चाहते थे।

यहाँ एक दूसरी बात जो आज मैं सुबह पढ़ रहा था, वह भी बहुत कुछ इसी तरह की है, पर थोड़ी अलग क़िस्म की है। इसे 'लेखक की रोटी' नाम की किताब में मंगलेश डबराल ने लिखा है, "काश हम कवि

पहले चोर या डाकू होते। एक दिन वाल्मीकि की तरह क्रौंच-वध जैसा कोई दृश्य देखते और हमारे मुख से कविता फूटती और हम महाकवि बन जाते। या हम कोई राजकुमार होते और एक दिन संसार का दुख-दैन्य और जरा-मरण देखकर सब कुछ छोड़कर निकल पड़ते और मनुष्य की मुक्ति का रास्ता खोज लेते। ऐसा कुछ नहीं हो सका। हम सामान्य मानवीय जीवन से ऊपर नहीं उठे।'' (मैंने कुछ चुने हुए वाक़्य लिए हैं।) दूसरी बात जो मुझे बहुत ही दिलचस्प जान पड़ती है, वह है हमारे सारे के सारे दुख, तकलीफ़ें, ज़िद, पीड़ाएँ, चमत्कार, ख़ुशी... ये सब कितने सामान्य हैं! कितने दैनिक हैं! दैनिक ही सही शब्द है। क्षणिक हो सकता था, पर उसके अपने अलग अर्थ निकलते हैं। बहुत देर तक जब कोई भाव तकलीफ़ देता है, वह हमारे लेखन का हिस्सा हो जाता है—कुछ इस तरह कि जैसे उसे इस पैटर्न में आना ही था।

हम कितनी तक़लीफों को अपने साथ लेकर चलते हैं? कितनी देर तक? हम तुरंत उसे किसी ग़ुस्से पर ख़र्च कर देना चाहते हैं। हम ख़ुद असल में कितनी जल्दी ख़र्च हो जाते हैं!

वह क्या चीज़ है जो हमसे इस वक़्त यह काम करा रही है? मैं उसका पैटर्न पकड़ना चाहता हूँ। देखो पैटर्न अभी भी दिमाग़ से जा नहीं रहा है। मैं वापिस उसी जगह नहीं जाना चाहता, जिस जगह पर खड़े रहकर मैंने अपना पिछला काम शुरू किया था। मैं हमेशा से मानता आया हूँ कि हम जो भी चीज़ बनाते हैं, उसमें हमारे जीवन के सारे पैटर्न नज़र आते हैं। हमारी लाइक्स, डिस्लाइक्स, हमारा चरित्र... सब कुछ नज़र आता है। मुझे शायद ख़ुद को बदलना पड़ेगा—अगर मैं चाहता हूँ कि मेरे लिखने और निर्देशन में बदलाव आए। लेकिन बदलाव शब्द को मैं कितना जानता हूँ? एक विचित्र बात यहाँ पर मैं देखता हूँ कि यह जो सारा कुछ मैंने अभी लिखा है, ये सिर्फ़ वर्जीनिया वुल्फ को रात में पढ़कर सोने का नतीजा है। कितनी असरदार लेखनी है उनकी! क्या मैं अपने लेखन में कभी उनकी ख़ुशबू के पास भी पहुँच सकता हूँ?

कल कुछ कोरियन आर्टिस्ट के साथ बैठा था। मेरा एक सवाल जिस पर कुछ बातचीत शुरू हुई थी वह था, "Why do we create? Or why do we write?" मेरे ज़ेहन में यह सवाल बहुत समय से चल रहा है कि मैं लिखता क्यों हूँ। मेरे पास इसके बहुत ही छिछले और रटे-रटाए जवाब थे। कुछ देर ख़ामोशी छाई रही। हम कुछ चार लोग बैठे थे—जन्घई (संगीतकार), सूक (चित्रकार), हाइओन (लेखक)। ख़ामोशी दो कारणों से थी। पहला तो सवाल एकदम सीधा था और दूसरा उन सबका अँग्रेज़ी में हाथ थोड़ा तंग था। हाइओन ने पहले जवाब दिया कि उसे लगता है हम सबके भीतर एक टापू है—सीक्रेट आइलैंड। उसकी अपनी सुंदर दुनिया है। हम जब भी उस टापू के बारे में बात करने लगते हैं, कहानियाँ निकलती हैं। उन कहानियों को वह किसी से कहना नहीं चाहती। वह उन्हें लिखना पसंद करती है।

फिर अचानक उस ख़ालीपन के बारे में बात होने लगी जिससे हर कलाकार गुज़रता है। उस ख़ाली जगह में हम जब भी कुछ रखते हैं, वह मल्टीप्लाई होने लगता है। जैसे एक घास का टुकड़ा अगर कहीं छोड़ दिया जाए तो वह कुछ देर में जंगल का रूप ले लेता है, और हम जंगल की एक कहानी लिख देते हैं। उसमें संगीत ढूँढ़ लेते हैं। नहीं तो उसे पेंट कर लेते हैं।

मैंने सूक की पेंटिंग्स देखी थीं। वह इमोशंस के पार्टिकल्स पेंट करती है। मतलब उन्होंने जो अपनी टूटी-फूटी अँग्रेज़ी में बताया और जितना मैं समझ पाया। इस सारी बातचीत में जन्घई बहुत गंभीर बनी रही, जबकि वह बहुत ऊर्जावान स्त्री है। कुछ देर में वे तीनों कोरियन

में बातचीत करने लगे और मुझे समय-समय पर सॉरी बोलते रहे। मेरे लिए उनकी भाषा संगीत थी। मैं उस संगीत में बाहर पहाड़ों को देखने लगा।

कुछ देर बाद उन्होंने फिर मुझे सॉरी बोला और मेरी तरफ़ देखने लगे, जैसे उन्होंने मेरे बाक़ी सारे सवालों का जवाब दे दिया हो। मैंने भी सोचा शायद दे ही दिया होगा—जवाब।

मैंने अगला प्रश्न किया, "हम अपने अकेलेपन का तब क्या करें, जब वह हमें नहीं चाहिए होता है?" मैंने कुछ समझाते हुए कहा कि जैसे यहाँ तोजी में सारे युवा कलाकार हैं। सभी अपने-अपने अकेलेपन में रहते हैं। उन्हें अपनी कला रचने की इतनी सुंदर जगह दी गई है कि वह अपना काम पूरी तल्लीनता के साथ करें। लेकिन वह जब अपना लिखा ख़त्म करके अपनी डेस्क से उठता है, उसे आस-पास कोई भी दिखाई नहीं देता। वह एक ऐसी अवस्था में पहुँच जाता है, जिसमें या तो वह सृजन करे या अकेलेपन के जंगल में भटकता रहे।

जन्घई इस सवाल से थोड़ी नाराज़ दिखी। वह थोड़े ग़ुस्से में कुछ कहने के लिए आगे आई, पर उसके मुँह से कोई शब्द नहीं निकला। फिर कुछ शांत होकर उसने कहा, "जैसे बिना भूखा रहे, भूख लिखना झूठ है, ठीक वैसे ही उस अकेलेपन में घुसे बिना उसकी बात करना भी...।" वाक्य के अंत-अंत तक उसे ग़ुस्सा आ चुका था। सभी उसे देखते रहे। वह थोड़ा सहम गई। फिर बिना कुछ कहे उठकर अपने कमरे में चली गई।

कुछ देर में हम सब अपने-अपने कमरों में अकेले थे। मैं जन्घई की बात बहुत अच्छी तरह समझता था। मेरे पास भी इसके जवाब नहीं थे। यह सब हमने ही चुना था। अगर हम दोष भी दें तो किसे दें? उस उम्र को जिसमें हमने कलाकार बनना चुना था? या उस आदमी को जो कभी हमारे जीवन में नहीं आया, लेकिन हमारी क़लम हमारे हाथ से लेकर तोड़ देता है?

'तुम अभी नहीं समझोगे, बाद में पछताओगे' वाली बातें मैं बहुत सालों से सुनता आया हूँ। मैंने उस 'बाद...' का भी कई बार इंतज़ार किया है जो कभी आएगा और मैं पश्चाताप करना शुरू कर दूँगा। अब तक वह कभी दिखा नहीं है। हाँ, मुझे दुख ज़रूर होता है—जब मैं उन लोगों से मिलता हूँ या कभी-कभी जब मैं ख़ुद को ऐसी स्थिति में पाता हूँ, जब ख़ालीपन एक तरह की अनंत स्पेस सामने खोल देता है और लगता है कि इससे कोई छुटकारा नहीं है। उस वक़्त अगल-बग़ल कोई खड़ा नहीं दिखता। इस अकेलेपन और ख़ालीपन से ख़ुद ही निपटना पड़ता है।

मैंने हाइओन से यह सवाल पूछा था कि वह अपने अकेलेपन को कैसे हैंडल करती है? उसने कहा था कि उसके सबसे अच्छे दोस्त वे पात्र हैं, जिन्हें वह लिख रही होती है। वह उनके साथ रहती है। उनसे बातें करती है। उनका बहुत ख़याल रखती है। उसे अपने सीक्रेट आइलैंड में घूमना बहुत अच्छा लगता है।

मुझे उसकी बात बहुत अच्छी लगी। हमारे अकेलेपन का मुआवज़ा क्या है? शायद वे सारे पात्र जिन्हें हमने किसी बीहड़ में या घने जंगल में कहीं हमारे साथ लुका-छुपी खेलते हुए देखा था और वह उस दिन के बाद से हमारे साथ हो लिए। पर त्रासदी है कि वे पात्र भी तब तक ही साथ हैं, जब तक कि लिख न दिए जाएँ। लिखते ही वे ग़ायब हो जाते हैं। इसलिए ही बहुत से लेखक अपने कई काम अधूरे रहने देते हैं, उन्हें कभी पूरा नहीं करते।

***

हम कैसे नाटक कर रहे होते हैं? नाटक कहाँ हमें समझ में आता है?

जैसे सुबह का होना एक नाटक की शुरुआत-सा लगता है। Fade-in होता है और हर सुबह हमारा नाटकीय जीवन संभावनाओं से भर जाता है। दिन ख़त्म होते तक हमारे हाथों में कभी तो एक ग़ज़ब का scene होता है, तो कभी बस एक शब्द या महज़ पूर्णविराम। लेकिन असल नाटक कभी हाथ नहीं आता। अपने ख़ुद के अभिनय में मस्त we live as if it's real.

लेकिन असल नाटक कहाँ है? असल नाटक वह रेत है जो हाथों से धीरे-धीरे छूटती चली जाती है। असल नाटक वो ख़्वाब हैं जो दरवाज़ा खटखटाते हैं, पर उस वक़्त हम घर पर नहीं होते। असल नाटक वह अधूरापन है जिसे कोई दूसरा पूरा करता है... और उस दूसरे का नाम वक़्त है जो पलटकर कभी वापस नहीं आता। असल नाटक मौन में है, गहरी साँसों में है, टीस में है... असल नाटक ख़ुद से दूर जाने में है, ख़ुद को भूल जाने में है।

ओल्ड मनाली, 2005 में, नदी किनारे एक बहुत ही जर्जर से कॉफ़ी हाउस में मैं चाय पर अपनी शामें बिताता था। इस कैफ़े से न तो कोई ख़ास अच्छा व्यू दिखता है और न ही यह मशहूर है। यह एक कोने में पड़ा हुआ-सा है, जिस पर कोई बहुत ज़्यादा ध्यान भी नहीं देता है। यह लगभग ख़ाली पड़ा रहता है। यही सारी बातें मुझे हमेशा आकर्षित करती आई हैं, और एक बड़ा आकर्षण है नदी का... वह ठीक बग़ल से बहती है। उसकी गर्जना में बाक़ी सारी आवाज़ें फीकी पड़ जाती हैं। लेखन कब-कहाँ-कैसे होगा, इस पर मेरा कोई वश नहीं है। पर लेखन जब भी बह रहा होता है, एक डर बना रहता है कि वह अगले ही वाक्य पर साथ छोड़कर चला जाएगा। ओफ! यह देखो अभी था और अभी इसी वाक्य पर वह चला गया!

लेकिन मेरे पास वक़्त था और काग़ज़-क़लम हमेशा साथ रहते तो कुछ इधर-उधर की व्यथाएँ दर्ज करता चलता। हर शाम मुझे दो बूढ़े टहलते हुए नज़र आते—एक बहुत बात करता और दूसरा कहीं खोया-खोया-सा रहता। उन दो बूढ़ों का टहलना मेरी शाम की चाय और लेखन के दृश्य में कब शामिल हो गया, मुझे पता नहीं चला। मैं हर बार उनके गुज़रने का इंतज़ार करता और ज्यों ही वह गुज़रता, लगता कि कोई काम पूरा हुआ। मेरी बड़ी इच्छा होती कि उनके पीछे-पीछे कुछ दूर टहल लूँ और उनकी बातें सुनूँ। मैं यह कभी नहीं कर पाया। फिर एक दिन उन बूढ़ों ने आना बंद कर दिया। अब मेरे लिखने और चाय के बीच एक काम था जो नहीं हो रहा था—उनका गुज़रना। मैंने देखा मैं लिख नहीं पा रहा हूँ। मुझे चाय पीने का भी मन नहीं

कर रहा है। मुझे लगा कि अपनी शामों के लिए मुझे अब कोई नई जगह खोजनी होगी। मैं काग़ज़-क़लम समेट ही रहा था कि मुझे अपने काग़ज़ पर दो नाम लिखे हुए दिखे—बलि और शंभू। बहुत देर तक मैं उन नामों को घूरता रहा और जब वे नाम बुदबुदाए तो लगा कि इन नामों में बड़ा आकर्षण है। मैं दो दिनों तक लगातार बलि और शंभू का जाप करता रहा। फिर एक दिन ताज़ा गर्म चाय पर कुछ संवाद लिखने बैठ गया। बलि बहुत बातें कर रहा था और शंभू अपनी शांति में एक कहानी लिए हुए था। मुझे एक नाटक दिखने लगा। चूँकि वह दिख नहीं रहे थे, सो उनके न होने की कमी में मैं लगातार लिखता रहा। मैं अचानक अपने लिखने की गति से बहुत प्रसन्न था। मैंने लगभग यह नाटक मनाली प्रवास में ही पूरा किया, पर उस नाटक का अंत नहीं मिला। मेरी इच्छा हुई कि पता करूँ कि वे दो बूढ़े कहाँ गए। मैंने कुछ दुकानों/बाज़ार में पूछताछ की, पर किसी ने उन दो बूढ़ों को कभी नहीं देखा था। मुझे आश्चर्य हुआ। मैं मानता हूँ कि मैं थोड़ा पगलाया-सा रहता हूँ, पर पागलपन इतना बढ़ गया है—इसका मुझे अंदाज़ नहीं था। असल में वे दो बूढ़े थे भी कि नहीं?

मनाली का प्रवास ख़त्म होने को था, पर नाटक का अंत? मैं बिना अंत लिए मनाली नहीं छोड़ना चाहता था। पर लेखन पर मेरा बस कहाँ है! वह होता है और चला जाता है। फिर वह दिन आ गया जब मनाली बस स्टॉप पर मैंने ख़ुद को बस की खिड़की वाली सीट पर बैठा पाया। नाटक के अंत की टीस आँखों में लिए मैं आख़िरी बार मनाली को निहार रहा था, तभी बस स्टॉप की चाय की टपरी की एक बेंच पर मुझे उन दो बूढ़ों में से एक बूढ़ा दिखा—वह जो बहुत बोलता था। सबसे पहले तो मुझे अच्छा लगा कि मैं पागल नहीं हूँ। वे दो बूढ़े सच में थे। मेरे मुँह से अचानक बलि निकला। यह बलि अकेला क्यों हैं? वह उदास था। मैं जानता था कि वह बलि है, पर वह शंभू की शांति लिए हुए था। क्यों? पता नहीं क्या हुआ तभी बलि ने सीधे मेरी तरफ़

देखा। उसकी आँखें नम थीं और चेहरे पर एक हल्की मुस्कुराहट। मैं उसके पास जाना चाहता था, पर मैं बस से उतरा नहीं। एक बार फिर मैं वह नहीं कर पाया जो करना चाहता था। जब तक बस मंडी पहुँची, मुझे बलि की आँखों ने मेरे नाटक का अंत दे दिया। मंडी में जब बस रुकी तो चाय पीते हुए मैं चिल्लाना चाहता था कि मैंने नाटक ख़त्म कर दिया, पर मैं अपनी चाय पर मंद-मंद मुस्कुराता रहा।

मैं इसके बाद कई बार मनाली गया और हर बार मैं ओल्ड मनाली के उसी जर्जर कॉफी हाउस में चाय पीने घंटों बैठा, पर मुझे वे बूढ़े कभी नहीं दिखे—मेरे बलि और शंभू।

कितनी ही देर तक एक काली चींटी मुझ तक आती दिखी। पूरे ख़ाली पड़े कमरे में वह कभी भी किसी भी तरफ़ घूम सकती थी, पर ऐसा क़तई नहीं हुआ। वह मेरे बहुत क़रीब थी। मैंने उसे एक उँगली से हल्के-से पीछे फेंका। वह मुड़ी और फिर मेरी तरफ़ चलने लगी। इस बार मैंने फूँक मारकर उसे दूर किया, पर उसने फिर वापसी की। मैंने हथेली से लगभग उसे कमरे के दूसरे कोने तक फेंक दिया। इस बार उसे कुछ समय लगा वापिस सँभलने में। वह कुछ लँगड़ाने भी लगी थी, पर उसने वापिस मेरी तरफ़ रुख़ किया। मैं अब पीड़ा महसूस कर रहा था। अजीब-सा गिल्ट... ग़ुस्सा। उसके क़रीब आते ही मैंने चुटकी बनाई और एक उँगली से उसे कुछ तेज़ मारा। वह बहुत दूर जाकर चित्त पड़ गई। बहुत देर तक कमरे में सब शांत रहा। तभी उसके दो पैर हिले—शायद वही दो अब काम कर रहे थे—और वह लँगड़ाते हुए फिर मेरी तरफ़ चलने लगी। वह काली चींटी नहीं थी, वह मेरा अँधेरा था—मेरी पीड़ा। इस बार मैंने उसे आने दिया। वह मेरे शरीर पर चढ़ गई। मैंने अपनी आँखें बंद कर उसे स्वीकार कर लिया। वह मेरे पूरे शरीर पर रेंग रही थी। इसमें भीना-भीना सुख था जिसकी कल्पना कभी किसी काली पीड़ा ने की होगी। मैंने एक कोरा पन्ना उठाया और उस पन्ने के ऊपर लिखना शुरू किया—"पीले स्कूटर वाला आदमी।"

मैं पीले स्कूटर वाला आदमी नहीं हूँ। यह होने के लिए मेरी ईमानदारी हमेशा थोड़ी कम रह जाती है। एक समय था, जब मुझे कहानियाँ बोर करने लगी थीं। मैंने सोचा बतौर लेखक हम सीधे वह

बात क्यों नहीं कह देते हैं जिसके लिए पूरी कहानी लिखी जा रही है, मतलब सिर्फ़ बातें हों और कहानी की बैसाखी हटा दी जाए। यह एक प्रयास है। इसमें ख़ुद के होने और जिए हुए के बोझ हैं, नहीं जीने के ढेरों बहाने हैं और जीते रहने की मादकता जैसी नींद है, जो हमारे छूते ही चील की तरह दूर आसमान में उड़ती हुई दिखती है।

हम जब किसी अपने से बहुत कुछ कह चुके होते हैं और कह चुकने के बाद भी लगता है कि क्या वह हमारे कहे के बीच की ख़ाली जगह देख पाया? जहाँ हम चुप हो गए थे? ये वे चुप्पियाँ ही हैं जो कतरनों-सी हमारे संबंधों के आस-पास बिख़री पड़ी रहती हैं। ये ख़ामोशियाँ ही हैं जो हमारी परछाइयों को भारी कर देती हैं। 'पीले स्कूटर वाला आदमी' वह परछाईं है। इस परछाईं का आदमी लगातार बदलता रहता है।

कितना वक़्त लगता है—एक नाटक को बनाने में! वे सारे एकांत जिनमें नाटक का एक-एक शब्द मैंने रिसते हुए देखा है। उन महीनों और सालों के अकेलेपन के बाद नाटक अचानक अभिनेताओं के बीच में बँट जाता है। मैं बहुत सँभालते हुए उनकी गोद में नाटक के पात्र पहुँचाने की कोशिश करता हूँ। कई महीनों की तोड़-फोड़ के बाद वह दिन, वह क्षण आता है जब नारायण दा ऊपर जाकर थिएटर की थर्ड बेल देते हैं और नाटक की शुरुआत के ठीक पहले मेरी धड़कन रुक जाती है। थर्ड बेल और नाटक की शुरुआत के बीच मुझे वह दिन बहुत याद आता है, जब इस नाटक का पहला शब्द पन्ने पर लिखा गया था। एक अनोखा-सा कुछ बनाने के लिए सारे औज़ार इस्तेमाल किए गए थे। क्या बना? कैसा बना? इस घंटी के बजते ही सब कुछ मुट्ठी में फँसी रेत हो जाता है। धीरे-धीरे सारा कुछ रिसता जाता है। यह नाटक ठीक इस क्षण के बाद मेरा नहीं रह जाएगा। यह अजीब-सी पीड़ा है, जो बहुत सुखद है। आह! कैसे यह सब जीवन के क़रीब है। हर बार सुबह का होना, हर बार कुछ रचना, फिर मिटा देना, फिर कहना और फिर से सारे कहे को भूल जाना...

हम गिरेंगे, फिसलेंगे, ग़लतियाँ करेंगे और वापिस फिर खड़े होंगे—एक नए प्रयोग के साथ। हमारा किया कुछ किसी के ज़ेहन में रह जाएगा तो हम कुछ पा लेंगे। नाटक की दुनिया के नियम कुछ इस तरह की यायावरी से बँधे होते हैं। जब हम थर्ड बेल के वक़्त बैक स्टेज के अँधियारे में होते हैं, तब स्टेज पर जाने के ठीक पहले गहरी साँस लेकर हम कहते हैं, "आज का नाटक ऐसा खेलें कि लोगों को लगे कि यह पहली बार खेला जा रहा है और हम इसे ऐसे जिएँ कि जैसे यह हमारा आख़िरी खेल है।" एक साथ जब कुछ अच्छा जीकर बाहर आते हैं, तब मैं हमेशा अपने साथ के लोगों की आँखें देखता हूँ। सारी थकान के बावजूद आँखों में एक चमक होती है, हँसने में खुला ठहाका... कितने ख़ूबसूरत दिखने लगते हैं सब। मैं शोज़ के बाद घर जाते वक़्त अक्सर यह सोचता हूँ कि थिएटर ने हमें असल में बेहतर इंसान बनाया है।

'शक्कर के पाँच दाने' का पहला शो हम पृथ्वी थिएटर में करने जा रहे थे। मैं और कुमुद थर्ड बेल के पहले बैक स्टेज में डरे हुए खड़े थे।

कुमुद—बहुत लोग आ गए!

मानव—हाँ, पता नहीं क्यों? ज़्यादा ही लोग हैं।

तभी किसी ने पीछे से आकर फुसफुसाया, "हाउस फुल है।" मैं और कुमुद दोनों ने उसको ग़ुस्से में देखा, मानो उसने कोई ग़लती की हो।

मानव—नहीं हाउस फुल नहीं है। यूँ ही बोल रहा है।

कुमुद—मुझे सब याद है न?

मानव—हाँ! आपको याद है सब। धीरे-धीरे आराम से सब बोल देना। ठीक है?

कुमुद—हाँ! स्क्रिप्ट कहाँ है?

मानव—यहीं रखी है। बैक स्टेज में।

कुमुद—हाँ, यहीं रहने देना... कुछ हुआ तो...।

तभी थर्ड बेल का इशारा होता है और कुछ देर में थर्ड बेल हो जाती है। मैं कुमुद से हाथ मिलाता हूँ। हाथ पसीने-पसीने हुआ पड़ा है। फिर गले लगता हूँ।

मानव—कुमुद भाई, बस यह शो करेंगे, फिर माफ़ी माँग लेंगे लोगों से। फिर नहीं करेंगे।

हम दोनों ने रज़ामंदी में सिर हिलाया और कुमुद मंच पर पहुँच गए। जादू में मेरा यक़ीन नहीं है, सो मैं इसे जादू नहीं कहूँगा। यह बस बहुत से लगातार उठाए हुए डरे छोटे क़दमों की यात्रा है। वह 2004

जनवरी की बात थी और अब 2018 में भी हम इस शो को कर रहे हैं। अब भी हम थर्ड बेल के पहले मिलते हैं। कसकर एक-दूसरे के गले लगते हैं, मुस्कुराते हैं, पर कहते कुछ नहीं। अब किसी भी संवाद की ज़रूरत नहीं है।

आज इतने सालों बाद जब पृथ्वी थिएटर में भरे दर्शकों के सामने वह अपनी स्पीच बोल रहा था तो अचानक बीच में शांत हो गया। वह संवाद भूला नहीं था। उसके चेहरे पर मुस्कुराहट थी। वह उन सारे लोगों को देखने लगा जो नाटक देखने आए थे। अचानक उसे लगा कि वह अपने गाँव में है और नदी (नर्मदा) किनारे खड़ा है। नदी का लगातार बहना देख रहा है। उसने चड्ढी पहन रखी है और वह नदी से अपने बचकाने सपनों का ज़िक्र कर रहा है। उसे याद है उस वक़्त उसने नदी से कहा था कि एक दिन बंबई जाऊँगा, रंगमंच जैसी कोई विधा है उसमें भाग लूँगा, अभिनय करूँगा, नाम कमाऊँगा। उसे उन सपनों से इतनी झेंप होती थी कि उसने उस वक़्त अपने गाँव के दोस्तों तक से कभी इन सपनों का ज़िक्र नहीं किया। उन सपनों में भी उसकी इतनी हिम्मत कभी नहीं हुई कि वह यह सपना देखे कि एक दिन वह नाटक लिखेगा, कहानियाँ लिखेगा और लोग उसे सराहेंगे।

अचानक उसकी मुस्कुराहट हँसी में तब्दील हो गई और उसने दर्शकों के सामने नाटक-संवाद आगे बढ़ाए।

नाटक ख़त्म होने पर जब वह दर्शकों के सामने, धन्यवाद में, झुक रहा था तो वह नदी भी थी जिसके सामने वह झुक रहा था, और उन सारे देखे और नहीं देखे बचकाने सपनों के सामने भी झुक रहा था जो आज उसके अगल-बग़ल चहक रहे थे।

बहुत गहरे उतरना पड़ेगा तब कहीं जाकर थाह मिलेगी।

जीवन को बहुत गंभीरता से मत लो... ऐसा सभी कहते हैं, पर हमने ऊपर-ऊपर तैरना सीखा ही नहीं। हमें गोता लगाना ही था और देखना था नीचे, बहुत नीचे—गहरे में। शायद वहाँ नीचे ज़मीन की मिट्टी कुछ अलग हो। हमने बहुत-सी ख़्वाहिशों के बीज अपनी चोर जेबों में सँभालकर रखे हैं। हमने जाने कितने ख़्वाब देखे हैं कि बहुत गहरे में जाकर वे बीज तिड़केंगे, टूटेंगे और बिखर जाएँगे चारों तरफ़। कब तक हम ख़्वाबों में ही ख़्वाहिशों के बीजों को दरख़्त होता देखेंगे... हमें गहरे जाना है। शायद साँस साथ न दे, हम डूब जाएँ, बीज तिड़के ही नहीं... पता नहीं। पर हम गोता लगाने से डरे नहीं थे। हम ऊपर-ऊपर तैरकर महज़ लोगों का मनोरंजन नहीं कर रहे थे, हम गहरे उतरे थे।

वह बहुत कमाल अभिनेत्री थीं। मैं उनके अगल-बग़ल मँडराया करता था। हमेशा आश्चर्य होता कि वह अभिनय करते वक़्त कैसे बदल जाती हैं। मैं उनसे अभिनय के बारे में बँधे-बँधाए सवाल करता। वह कभी जवाब नहीं देती थीं। फिर किसी रात वह मुझे अपने घर ड्रिंक्स पर बुलातीं—सिर्फ़ वह और मैं। पता नहीं कैसे उन्हें मेरे सारे बचकाने सवाल याद रह जाते और वह अपने बोलने में उनके जवाब देती जातीं।

"मैं जैसी हूँ, वैसा दिखने की कोशिश करती हूँ। लेकिन मैं असल में कैसी हूँ?" मैं उन्हें एकटक देख रहा था।

"अरे बता कैसी हूँ मैं?"

"आप बहुत अच्छी हैं..." मैंने सकुचाते हुए कहा।

"मैं कैसी हूँ, इसके प्रयोग मैं अभिनय में करती हूँ। पता है हम सबके भीतर एक पूरा ब्रह्मांड हैं। अभी कितना और है जो पता करना है।"

"मेरे अंदर तो लगता है कि कुछ नहीं है। मैं तो हर काम को एक जैसा ही करता हूँ।" मेरा जवाब सुनते ही वह हँसने लगीं।

"अभी तुम्हें स्वाद नहीं लगा है। जब स्वाद आना शुरू होगा तो सिर्फ़ अच्छा खाओगे। मैं जो भी रोल करती हूँ, उस हिसाब से मेरे खाने का स्वाद भी बदलता है। कभी करके देखना... वह पात्र क्या खाता होगा? उसे किस क़िस्म की चीज़ें पसंद होंगी? अपने रोल की तैयारी मैं किचेन से शुरू करती हूँ।"

तभी मैंने सोचा कि वह ऐसे बदल कैसे जाती हैं अभिनय में! मैंने

उनसे कहा था कि मुझे तो अभी खाना बनाना ही सीखना है। इस पर वह बहुत हँसी थीं। मुझे वह हँसते हुए बेहद ख़ूबसूरत लगती थीं।

मैं आजकल खाना बनाने लगा हूँ। आज जाने कितने बरस हो चुके हैं। मैं उनसे मिला नहीं हूँ। मेरे दिमाग़ में वह आज भी सबसे कमाल अभिनेत्री हैं। अभी भी उनके अभिनय के बारे में सोचता हूँ तो रोंगटे खड़े हो जाते हैं। सुना है कि अब उनके पास बहुत काम नहीं है। कुछ टी.वी. में करती हैं, पर कहते हैं कि बहुत चिढ़ी हुई रहती हैं। हमने अपने देश में जाने कितनी कमाल की अभिनेत्रियों को उनके हक़ का मौक़ा नहीं दिया है। उन्हें बहन, बीवी, प्रेमिका और माँ की छोटी भूमिकाओं में ही ख़र्च कर दिया गया। असल में यह मुझे समाज का सही आईना-सा लगता है। हमारे समाज में भी औरतों को बस परिधि पर ही रखा जाता है, उन्हें मुख्य भूमिका तक आने ही नहीं दिया जाता। कितनी बड़ी त्रासदी है यह—अपनी क्षमता से कम जीना। उनके बारे में सोचता हूँ तो ग़ुस्सा आता है। हम कब बदलेंगे?

मेरी निर्मल वर्मा से संवाद करने की बहुत पुरानी आदत है। मैंने इस तरीक़े के संवाद बहुत लिखे हैं। उन्हें जितना पढ़ा-समझा है, वह मुझे मेरे भीतर का ही हिस्सा लगते हैं। उनसे लिखे संवाद हर बार भीतर कुछ सुलझा देते हैं। जैसे आज मन बहुत उलझा हुआ है। एक नाटक दिमाग़ में बहुत वक़्त से घूम रहा है, पर लिखा नहीं जा रहा। अचानक निर्मल वर्मा मुझे बालकनी की कुर्सी पर सिगरेट फूँकते हुए दिखे।

मैं—निर्मल, इतनी रात गए... बड़े ख़ामोश बैठे हैं?

निर्मल—कितना बज रहा होगा?

मैं—क़रीब एक। करवटें ले रहा हूँ, नींद उड़ी हुई है।

निर्मल—ये रातें जो चुप रहती हैं, नींद को भीतर आने नहीं देतीं और असहजता को बाहर निकलने नहीं देतीं।

मैं—यूँ लगता है कि सारे रास्ते बंद हैं। सारे दरवाज़े दीवार बन गए हैं।

निर्मल—यह खेलना ही है। हम जितने अकेले और ख़ाली रहते हैं, चीज़ें उतनी ही साफ़ और बारीकी से दिखने लगती हैं। बहुत छोटी चीज़ों को लेकर हम बड़े खेल खेल सकते हैं। चुप रहना और इंतज़ार करना—अभी क्या सुनाई दे रहा है?

मैं—'हाथ का आया... शून्य।' बस यही वाक्य कई दिनों से गूँज रहा है।

निर्मल—शून्य? शून्य अच्छा सुनाई दे रहा है।

मैं—मुझे लगता है कि इस वाक्य में एक पूरा नाटक छिपा है।

निर्मल—पर तुम्हें तो कहानियाँ लिखने में मज़ा आ रहा था?

मैं—मैं नाटकीयता की बात कर रहा था।

निर्मल—शब्द कुछ और कहें, परिस्थितियाँ कुछ और हों, दृश्य कुछ दिखाएँ... पर वाक्यों में पूरा खेल हो। संवाद यहाँ के हों, पर नाटक कहीं दूसरी ही जगह हो।

मैं—बिल्कुल ऐसा ही। यही नया प्रयोग होगा। यही मैं करना चाहता हूँ। पर कैसे?

निर्मल—हमें उन चीज़ों के बारे में लिखने से अपने को रोकना चाहिए जो हमें बहुत उद्वेलित करती हैं, जैसे : बादलों में बहता हुआ चाँद, हवा की रात और हवा, अँधेरे में झूमते हुए पेड़, पहाड़ों पर चाँदनी का आलोक, स्वयं पहाड़ और उनकी निस्तब्धता... इन सबके 'इंप्रेशन' हमारे भीतर होने चाहिए। एक तरह का ठोस आलोक-मंडल जो चीज़ों की गहराई और पार्थिवता को बरक़रार रखता है और उन्हें स्वत: शब्दों में बदल देता है।

मैं—आपके शब्द हमेशा काम कर जाते हैं, एकदम! मैं इस नए प्रयोग के 'इंप्रेशन' को अपने भीतर पाल रहा हूँ। अब जो भी नाटक मैं लिखूँगा, वह कुल मिलाकर ऐसी ही बात कहेगा।

निर्मल—अभी क्या पढ़ रहे हो?

मैं—Bill Bryson और Tennessee Williams.

निर्मल—Non-fiction.

मैं—मैं धीरे-धीरे fiction से ऊबता जा रहा हूँ। कहानियाँ मुझे बोर करती हैं। पुराने उपन्यास पढ़े नहीं जाते। कविताएँ काफ़ी झूठ कहती हैं। कम से कम Non-fiction में कुछ पकड़ में तो आता है।

निर्मल—वैसे Non-fiction और fiction एक ही बात है।

मैं—है ना!

निर्मल—तो तुम पढ़ो। पर नाटक लिखना बीच में अधूरा मत छोड़

देना। मैं सुनूँगा।

मैं—जब तक नाटक लिख न लूँ, तब तक यक़ीन से कह नहीं सकता कि हाँ लिख लूँगा। लग रहा है कि इसके लिए पहाड़ों पर जाना पड़ेगा। यहाँ इसकी बुनावट मुश्किल है।

निर्मल—मुझे रामकृष्ण परमहंस की बात याद हो आई, "नदियाँ बहती हैं, क्योंकि उनके जनक पहाड़ अटल रहते हैं।" मैं एक के साथ खड़ा हूँ, दूसरे के साथ बहता हूँ... चलता हूँ।

और निर्मल वर्मा चल दिए। मैं पहाड़ जाने के पैसे जुगाड़ने में व्यस्त हो गया।

Colourblind नाटक लिखने और बनने की प्रक्रिया के बीच मैं कुछ बदलाव लिखता रहा था। उन भीतरी बदलावों के साथ नाटक भी बदलता रहा। ये उसी प्रक्रिया का लेखा-जोखा है।

...

हमें कोई पेंटिग क्यों पसंद आती है? मैंने कहीं पढ़ा था कि जब हम अपने जीवन के अंश उन रंगों में कहीं देख लेते हैं, तब वह रंगों का समूह हमसे बात करता दिखता है। हम कहते हैं कि यह पेंटिग मुझे बहुत पसंद है। रवींद्रनाथ टैगोर अब मुझे रंगों में दिखते हैं—एक विशाल कैनवस पर सघन रंगों के बड़े-छोटे स्ट्रोक्स—थोड़ा दूर हटकर उस पेंटिग को देखो तो जगहें नज़र आने लगती हैं। कुछ लोगों के चेहरे दिखने लगते हैं। मैं जगह को पकड़ता हूँ। उसमें कुछ चेहरों को मिलाकर पेंटिंग के क़रीब पहुँचता हूँ, वहाँ सिर्फ़ एक कत्थई रंग का ब्रश-स्ट्रोक नज़र आता है। जैसे किसी कोरे काग़ज़ पर महज़ 'क' लिखा हो। मैं इन सारी गड्डमड्ड आकृतियों से बात करने लगता हूँ। रंगों के गहरे स्ट्रोक्स को छूता हूँ, वे अभी भी गीले लगते हैं। कुछ रंग कम हैं, यह समझ में आता है, पर कमी और भी कहीं है। असल में कमी ठीक शब्द नहीं है। ख़ाली है... कुछ ऐसा लगता है। मानो एक कुर्सी पूरी ज़िंदगी ख़ाली रखी है कि वहाँ कोई आकर बैठेगा। यह ख़याल आते ही मुझे यह पेंटिंग अपनी लगने लगती है।

अभी-अभी 'टैगोर' नाटक का अपना हिस्सा ख़त्म करके चाय पी रहा हूँ। इस तरह से लेखन मैंने पहले कभी नहीं किया—एक व्यक्ति का लिखा हुआ और उसके जीवन के अंशों को दिमाग़ में रखकर

संवाद लिखते जाना। मुझे कहीं बीच में लगा कि मैं बहुत असंभव से बिखराव को एक धागे में पिरोने की कोशिश कर रहा हूँ। यह एक तरह की लघुकथा है, जिसमें हर जगह टैगोर हैं और असल में कहीं भी नहीं हैं। लिखना ख़त्म करते ही लगा कि जैसे घर में से कुछ सामान निकल गया है। कमरा ख़ाली लगने लगा। मैं गाना गुनगुना रहा था, मुझे लगा कि वह गूँज रहा है। दीवारों से टकराकर सारा संगीत वापिस मेरे पास चला आ रहा है। कितना ख़राब गाता हूँ मैं! मैं चुप हो गया। यह चुप्पी भी कितनी हल्की है! मैं चल रहा हूँ तो लग रहा है कि कपड़े नहीं पहने हैं। एक सहारा चाय है, जो बहुत अच्छी बनी है। अदरक गले को सहला रही है।

...

कल पहला दिन था जब शुरू के सीन के साथ फ़्लोर पर खेलना शुरू किया था। बार-बार लगता है कि हम किसी के बारे में बात कर रहे हैं जो वहाँ मौजूद है और कुछ कह नहीं रहा। पिछले कुछ महीनों से टैगोर पर इतनी बात हो चुकी है कि लगता है पहाड़ के किसी एक बड़े से घर में वह अकेले रहते हैं और मैं अपनी नोटबुक लेकर उनसे लगातार मिलने जाता हूँ। वह अपने जीवन के अंशों के बारे में कुछ इस तरह बात करते हैं, जैसे वह अपनी कविताओं की व्याख्या कर रहे हों। मैं कुछ चीज़ें नोट करता हूँ और कुछ जाने देता हूँ। वह जो जाने देता हूँ, मेरे साथ रिहर्सल स्पेस में चला आता है और वह जो कुछ मैं नोट करता हूँ, बेमानी लगता है।

मुझे अधिकतर अपनी नानी याद आती हैं। मैं जब भी उनके कमरे में उनसे मिलने जाया करता था, महसूस होता था कि वह मुझसे कुछ कहना चाहती हैं। हम बात करते और वह बीच बात में मेरा हाथ कसकर पकड़ लेतीं। मैं चुप हो जाता। वह मौन में मुझे ताकती रहतीं... और कुछ घटता। मैं अभी तक उस घटे हुए को पकड़ नहीं पाया हूँ। ठीक ऐसा ही मुझे महसूस होता है टैगोर के साथ। बीच बात में कोई

जैसे मुझे चुप कर देता है। कुछ घटता है... और मैं चूक जाता हूँ। क्या घटता है मौन में? क्यों चूक जाता हूँ? क्या मैं इस चूक को नाटक में शामिल कर सकता हूँ? बने-बनाए तरीक़े से एक कहानी दिखने लगती है, जो सीधी है। उस पर विश्वास भी किया जा सकता है। पर मेरा ध्यान बार-बार मेरी नानी के बूढ़े हाथों पर जाता है। मैं नहीं रोक पाता ख़ुद को। एक त्रुटि है इन सब बातों के बीच, जिसे मैं किन्हीं अच्छे क्षणों में देख भी लेता हूँ, पर पकड़ नहीं पाता हूँ। मैं इस त्रुटि का निर्देशन करना चाहता हूँ। मैं अपनी नानी के हाथ को, बीच में आए मौन को, टैगोर और हमारे बीच घट रहे 'कुछ' को मंचित होते देखना चाहता हूँ।

बार-बार एक सवाल भी उठता है कि इन सबमें टैगोर कहाँ हैं? टैगोर जिसे सब जानते हैं। क्या मैं कभी भी सबकी कल्पना के टैगोर को मंच पर दिखा सकता हूँ? क्या मैं कभी भी टैगोर को दिखा सकता हूँ? थोड़ा-सा भी? शायद नहीं। मैंने टैगोर को बीच बातचीत में कहीं देखा है। उनके बहुत सारे लिखे के बीच कहीं एक झलक उनकी देखी है। कहीं महसूस किया है कि ठीक किसी वक़्त मैं बिल्कुल ऐसा ही सोच रहा था। सो अंत में उस एक झलक को अगर मैं मंच पर ठीक से देख सकूँ तो कह सकता हूँ कि कहीं एक बात में ईमानदारी है। ख़ुद को अलग कर पाना असंभव है—इस प्रक्रिया में। मेरा खाना, पीना, उठना, बैठना, बैठे रहना, पीड़ा, घाव, असंतुलन, मौन... सब कुछ इस नाटक में शामिल होते मैं देख सकता हूँ। इस वक़्त मेरे साथ उत्साह और डर के बीच का कोई आदमी है, जिसके साथ मैं चाय पी रहा हूँ। फिर चाय... मृत्यु! "कोंपलें फिर फूट आई हैं शाखों पर... उससे कहना..." कल यह वाक्य पढ़ा और इसी में गुम हूँ।

...

टैगोर! क्या है इस नाम में? मैं क्यों आकर्षित हो रहा हूँ उस बच्चे से? उसकी चुप्पी से? उसके अकेले खेलते रहने से? टैगोर! एक विशाल से मैदान में एक बच्चा पालकी में बैठे हुए अपना छोटा संसार

जीने लगता है। चॉक से बने गोले के बीच, पानी में सिर घुसा देने की सज़ा पाता है। किसी दूसरे की बनाई हुई फ़िल्म की तरह अपने ही बाप का जीवन देखता है। इस संसार में मुझे कोई कमी नहीं लगती है। इस संसार की सुंदरता टैगोर को भी बड़े होने के बाद समझ में आई। उनके बचपन के अकेलेपन में बहुत सारे खेल शुमार थे। बड़े होने में एक प्रतीक्षा थी—किसी की। कोई था जो आ नहीं रहा था। कोई था जो चला गया था, या वह असल में रतन थे ('पोस्टमास्टर' की लड़की) जो पीछे छूट गए थे और पूरा जीवन पोस्ट ऑफ़िस के चक्कर काटते रहे। कैसे उनके लिखे में उनकी मनःस्थिति तक पहुँचा जा सकता है? उनका प्रेम बिना पीड़ा के नहीं दिखता। पीड़ा ढूँढ़ने जाओ तो प्रेम पा लिया ऐसा लगता है। बचपन में 'मैं भी हूँ' की लड़ाई शुरू हुई। अपने होने को सिद्ध करने में जब अपने घर का दरवाज़ा खोला तो पूरा बंगाल था। जब बंगाल का दरवाज़ा खोला तो पूरा देश था। फिर विदेश। लड़ते-लड़ते अचानक पूरे ब्रह्मांड में उन्होंने ख़ुद को सबसे छोटा पाया। फिर सब धुल गया। देश-विदेश, सब कुछ। फिर वापिस वह अपनी पुरानी प्रतीक्षा पर लौट आए—किसी की—किसी एक की। वह वापिस पोस्ट-ऑफ़िस के चक्कर काटने लगे। कोई एक मिले जो बस सब सुन ले। फिर एक तरह से बहुत स्वार्थी भी दिखे, जिसने अपने लिखे को दूसरे के जिए में बटोरा। कभी भी किसी भी कहानी को उसके नेचुरल अंत तक नहीं पहुँचने दिया। पर नेचुरल शब्द टैगोर पर जाता भी नहीं है, जितना उन्होंने अपने जीवन में काम किया वह नेचुरल नहीं है।

मैं कई बार उनसे संवाद करना चाहता हूँ, जिसमें एक प्रश्न बार-बार दिमाग़ में आता है कि वह इतना सारा क्यों लिख रहे थे? मैं इस बात के मूल में पहुँचना चाहता हूँ—इस नाटक के द्वारा कि काम का इतना सारा बोझ, जिसके अंत में वह टैगोर नहीं होना चाहते थे। सामान्य उनके जीवन में कुछ भी नहीं था।

आज सुबह उठा तो लगा टैगोर ने मेरी तरफ मुड़कर देखा। मेरे बहुत से सवालों का वह जवाब देने ही वाले थे कि सपना टूट गया। अलार्म चीख़ रहा था। मैं भागकर अलार्म बंद करके फिर लेट गया, ज़ोर से आँख बंद की और टैगोर की आख़िरी झलक याद करने लगा। व्यर्थ था सब कुछ। करवटें... करवटें... और फिर कुछ करवटें... मैंने बिस्तर त्याग दिया। बहुत देर तक किचेन में खड़ा रहा। चाय का पानी चढ़ा दिया, पर गैस चालू नहीं की। मैं खड़ा रहा। सपने का सिर-पैर मेरी समझ से परे था। मेरी टैगोर से मुलाक़ात (सपने में) उनके स्विट्जरलैंड प्रवास के दौरान हुई, जब वह तीन महीने के लिए स्विट्जरलैंड/इटली में विक्टोरिया का इंतज़ार कर रहे थे और वह नहीं आई। मैं उनसे लगातार बातचीत कर रहा था, पर वह चुप थे। बीच-बीच में एक गहरी साँस की आवाज़ आती और सब चुप। मेरे सारे सवाल व्यर्थ थे, मानो वह सुन ही न रहे हों। फिर पता चला कि मैं असल में एक स्क्रीन के सामने खड़ा हूँ, जिस पर उनके इंतज़ार का लाइव टेलीकास्ट चल रहा है। जबकि मैं भी स्विट्जरलैंड में ही था। मैं उसी विला में था जिसमें वह थे, पर मैं उन्हें स्क्रीन पर देख रहा था। सपना बिना किसी संवाद के ख़त्म हो चुका था।

कुछ देर बाद मैंने गैस चालू की। चाय बनने की प्रक्रिया शुरू हो गई थी, पर मैं वहाँ नहीं था। मुझे बेचैनी महसूस हो रही थी। टैगोर की छवि मेरे दिमाग़ में बहुत सुंदर-सी थी। फिर अचानक इस इंतज़ार वाली बात ने पता नहीं उस छवि के साथ क्या छेड़-छाड़ की कि लगा मैं इस बारे में उनसे बात करना चाहता हूँ, पर कर नहीं पा रहा हूँ क्योंकि मैं उन्हें स्क्रीन पर देख रहा हूँ—सामने नहीं। मैं समझता हूँ—उनकी मनःस्थिति को। इस घटना के बाद वह और भी क़रीब थे—एक सीधे-साधे इंसानी रूप में, जिसे ज़रूरत थी उस वक़्त किसी की। मुझे लगा मैं उन्हें पकड़ सकता हूँ—उनकी कहानियों में, उनकी कविताओं में... लेकिन वह हर बार छूट जाते थे। अब अचानक लगा कि वह मेरे

सामने हैं। हम आँखों में आँखें डालकर एक-दूसरे को देख ही रहे थे कि सपना टूट गया। बहुत कमज़ोर क्षणों में हम अचानक अपनी सारी कमान छोड़ देते हैं। फिर ऐसा करना है और ऐसा नहीं कर सकते के बीच की सारी की सारी उठापटक अपना अर्थ खो देती है। ठीक ऐसे वक़्त शायद हम ख़ुद को पहली बार देख लेते हैं—बिना आईने, बिना कपड़ों के। जैसे का तैसा-सा सब कुछ सामने पड़ा होता है और हमें यक़ीन नहीं होता कि यह क्या हो रहा है?

असहायता—यह शब्द मुझे टैगोर से जोड़ता है। मैं इस नाटक में कुछ इस शब्द की कविता खोज रहा हूँ।

...

एक परदा दिखता है—मेरे और टैगोर के बीच। मैं कभी भी उन्हें पूरी तरह देख नहीं पाता हूँ। तभी एक व्यक्ति परदा हटाकर सामने आता है। न, यह टैगोर नहीं है। इसने तो जींस और टी-शर्ट पहनी हुई है। तभी वह कहता है कि वह टैगोर होने का अभिनय कर सकता है। मैं अभिनय शब्द नहीं सुनता हूँ और उसके भीतर टैगोर का होना टटोलने लगता हूँ। मैं उसे गाने के लिए कहता हूँ। वह कविता कहता है। मैं उसे बैठने के लिए कहता हूँ। वह नाचने लगता है। उसकी चुप्पी में मुझे शब्द दिखते हैं, और उसके बोलते ही सब कुछ फिर से धुँधला हो जाता है। सच में किस तरह से दिख सकता है वह, जिसे मैं टैगोर समझे बैठा हूँ? फिर प्रश्न यह भी है कि क्या मैं सच में महज़ टैगोर देखना चाहता हूँ? या मैं टैगोर के बहाने ख़ुद का उलझा हुआ कुछ सुलझा रहा हूँ। मैं हमेशा अपने सबसे उलझे हुए समय में, अपने किसी नाटक की आड़ में छुप गया होता हूँ। नाटक की उलझनों के सामने जीवन की पीड़ा बहुत टुच्ची दिखती है। मैं एक घने डिप्रेशन से गुज़र रहा हूँ, पर यह बात सिर्फ़ मैं जानता हूँ। मेरे नाटक पर इसका असर नहीं है, इस बात की ख़ुशी है।

हर बार रिहर्सल के बाद जब मैं एक चाय और सिगरेट के साथ

अकेला होता हूँ, एक आश्चर्य मानो बग़ल में आकर बैठ जाता है। मैं अपनी साँस रोक लेता हूँ। यह तितली का आपके कंधे पर बैठ जाने-सा अनुभव है। मैं देर तक महसूस करता हूँ उसका बैठना, पर उसे देख नहीं सकता हूँ। मुझे पता है कि मेरे हिलते ही वह नदारद होगी। फिर अचानक लगता है कि मैं टैगोर भी नहीं देख सकता। मुझे नहीं पता कि मैं टैगोर देख पा रहा हूँ कि नहीं। अपने आश्चर्यों और टैगोर के बीच अचानक मुझे एक तितली साँस लेती हुई महसूस होती है। मैं बस तितली के रंगों के बीच Colourblind-सा कुछ तलाश रहा हूँ। मुझे जो देखता है और जो मेरे देखते ही नदारद हो जाएगा के बीच, यह नाटक पल रहा है। मेरे आश्चर्यों में आज मुझे बचपन में देखा टमाटर का छोटा-सा पौधा याद आया (कश्मीर में)। मुझे हमेशा लगता था कि टमाटर बाज़ार में मिलते हैं। कोई उन्हें बनाता है शायद। पेड़ या पौधे पर उसे उगते हुए देखना, मेरे लिए अदभुत था। मैं हँसता हूँ। चाय के कुछ घूँट पीकर, सिगरेट बुझाता हूँ। ठीक अभी कुछ सुलझा-सा लगने लगा है, यह सोचकर, ख़ुद से वर्जीनिया वुल्फ की एक पंक्ति कहता हूँ : let's take a walk...

...

कितना महत्वपूर्ण होता है जीवन का दिख जाना! ज़िंदा होते हुए शब्द, जो बहुत समय तक काग़ज़ पर मृत अक्षरों की तरह पड़े हुए थे। नाटक को साँस लेते हुए देखना। इन्हीं बहुत छोटी पहली साँसों के लिए नाटक करते रहने का सुख है। इस छिछले सवाल कि नाटक और फ़िल्मों में क्या अंतर है, का जवाब भी मुझे शायद अब मिला है—इस नाटक के जन्म में। किसी चीज़ का जन्म होते हुए देखना, आपके ख़ुद के मृत अतीत पर मरहम का काम करता है। यह मज़ा सिर्फ़ नाटक में ही मिलता है, क्योंकि नाटक का जन्म एक दिन नहीं होता। वह लगातार, हर दिन, हर तालीम (मराठी में रिहर्सल को तालीम कहते हैं, जो मुझे बहुत पसंद है) में होता है।

मैं अपना पूरा दिन बिना किसी काम के पड़े-पड़े बिता देता हूँ, इस इंतज़ार में कि शाम होगी और आज की तालीम में मैं फिर कुछ पैदा होते देखूँगा। एक मूर्तिकार जब गीली मिट्टी से खेलता है और धीरे-धीरे पानी की मदद से वह उस मिट्टी को एक दिशा में घुमाना शुरू करता है, तब अचानक एक संरचना दिखने लगती है। मेरे नाटक बनाने में थोड़ा अंतर है। मैं गीली मिट्टी के सामने घंटों बैठा रहता हूँ। बहुत लंबे संयम के बाद मिट्टी अपने छोटे-छोटे हिस्सों में बात करने लगती है। उस क्षण को मैं कभी पकड़ नहीं पाया, जब मेरे हाथ ख़ुद-ब-ख़ुद उठकर मिट्टी से खेलने लगते हैं। तब एक लुका-छिपी का खेल शुरू होता है। इस खेल में मिट्टी अपनी संरचना पर ख़ुद आती हैं। चूँकि मूर्तिकार मैं हूँ, पर मेरे हाथ महज़ उस मिट्टी की मदद करते हैं। मैं उसे नहीं वह मुझे बनाती है। मैं पूरी तरह ख़ाली होकर मिट्टी के पास जाता हूँ—रोज़—बिना सोचे-जाने। इसमें हम दोनों एक-दूसरे को तुरंत अपना लेते हैं। मैं अपने बँधे-बँधाए सिद्धांत उस पर थोपता नहीं हूँ और वह भी अपने संवाद में सूखती नहीं है। मिट्टी अपनाने में अपना समय लेती है। पर जब अपनेपन के खेल शुरू होते हैं, मुझे मेरा बचपन का-सा सुख दिखने लगता है। अभी नाटक किसी बचपन के खेल में मुक्त है... अभी वह पीपल और इमली के पेड़ के नीचे बैठकर साँस ले रहा है।

...

2013 में कोलकाता में हमने Colourblind नाटक पहली बार खेला था। क़रीब पाँच महीने की जिद्दोजहद के बाद हम सब टैगोर के थोड़ा क़रीब पहुँच गए थे। किस क़दर डरते-डरते हमने नाटक का पहला शो किया था, पर हर बार, हर शो के बाद हमें कुछ नया मिलता। मैं अपने सारे अभिनेताओं के चेहरों पर 'कुछ नया मिला' की चमक देख सकता था। यह बहुत कठिन नाटक था—मेरे लिए भी और इससे जुड़े सभी लोगों के लिए भी। कुछ नाटक होते हैं, जो हमें जीवन के कठिन दिनों

में गिरने के ठीक पहले सहारा दे देते हैं। अजीब लगता है यह सोचते हुए भी कि ये Colourblind के आख़िरी शोज़ हैं। अब यह हमारी बातों और यादों का हिस्सा बनकर रह जाएगा।

थिएटर की यही बात मुझे बहुत पसंद है कि कुछ समय के बाद सारा बना-बनाया खेल ख़त्म हो जाता है—बिल्कुल जीवन की तरह। नाटक एक क्षणिक कला है, जब तक वह खेली जा रही होती है, तब तक ही उसका वजूद है। जैसे हमें रोज़ जीना पड़ता है, और हम ही जी रहे हैं, फिर भी एक दिन दूसरे दिन से हमेशा अलग होता है—जैसे नाटक का हर शो। हर मूर्ति बनाने के बाद कुछ है जो बदल जाता है—मूर्ति में नहीं, मूर्तिकार में। हम बदले हैं। आशा है कि इस नाटक से जुड़े सभी लोगों और दर्शकों ने भी कुछ बदलाव जैसा अनुभव किया होगा।

मैंने टैगोर को Colourblind बनाने की प्रक्रिया में अपने घर में घूमते हुए देखा है। हम दोनों ख़ाली घर में कई बार बहुत पास से गुज़र जाते। वह हमेशा अपनी शांति में होते और मैं अपनी सघनता में। हम दोनों एक-दूसरे के निजी स्पेस में कभी दख़ल नहीं देते। जिस दिन टैगोर का पहला शो ख़त्म करके मैं घर वापिस आया था, उस दिन मैंने उन्हें उठकर जाते हुए देखा था। आख़िरी बार दरवाज़े की चौखट पर जब उन्होंने पलटकर देखा तो मेरे भीतर कुछ ख़त्म हो गया।

मैं कह सकता हूँ कि मैं टैगोर को जानता था। हम साथ रहे थे। फिर वह चले गए थे, और जाने के बाद पीछे कोई निशान भी नहीं छोड़ गए थे।

बहुत समय से जल रहे Colourblind नाम के दीये को मैंने फूँक मारकर बुझा दिया और देखा सुबह हो गई थी।

हमारे दोस्तों के बीच की महफ़िलों का अंत हमेशा कविताओं से होता है। बीच का एक वक़्त था जब दर्जनों बार मैंने अपने दोस्तों के कहने पर 'घर की याद' नाम की भवानी (प्रसाद मिश्र) भाई की कविता पढ़ी थी। हम सब अपने-अपने घरों से दूर कई सालों से रह रहे हैं। यह कविता नम कर देती थी सबको। कविता के ख़त्म होते ही कुछ देर के लिए सब अपने-अपने कोनों में चले जाते। फिर ज़बरदस्ती के जोक कहने पड़ते—माहौल को हल्का करने के लिए। भवानी भाई के लेखन का बहुत गहरा असर होता था हमेशा।

भवानी भाई से मेरा संबंध बहुत पुराना है। इसका मुझे अंदाज़ नहीं था। होशंगाबाद में, मेरे स्कूल के दिनों में, जब होशंगशाह गौरी के टूटे-फूटे क़िले के पीछे एक पीपल के पेड़ के नीचे हम स्कूल से भागकर छिपा करते थे। छिपते-छिपाते वह हमारा अड्डा बन चुका था। एक दिन हमारे हिंदी के टीचर ने हमारे अड्डे पर धावा बोल दिया। बहुत पीटने के बाद उन्होंने कहा कि तुम्हें पता है भवानी प्रसाद मिश्र ने अपनी कविता 'सन्नाटा' इसी पीपल के पेड़ के नीचे बैठकर लिखी थी और तुम लोगों ने इसे अपनी अय्याशी का अड्डा बना रखा है, और फिर पीटना शुरू कर दिया।

बहुत पिटने के बाद जब मैं खड़ा हुआ तो इस बात से चमत्कृत था। मुझे कभी कविताएँ समझ में नहीं आईं। मुझे लगता था कि हम जिन किताबी कवियों को पढ़ते हैं, वे असल में मंगल-ग्रह की बातें करते हैं। मुझे उस वक़्त कविताओं से नफ़रत थी। हमारे अड्डे पर हमारा बैठना बंद नहीं हुआ, बल्कि बढ़ गया था। एक दिन अपने अड्डे

पर मैंने 'सन्नाटा' कविता खोली। मुझे वह घाट भी दिखा जहाँ बैठकर पागल गाया करता था। उस रानी की आहट भी मैंने पहली बार सुनी। वह उल्लू, साँप और गिरगिट... सब वहीं थे। फिर अपने दोस्तों को बैठाकर मैंने 'सन्नाटा' सुनाई। हम सबको पहली बार कोई कविता समझ आई थी। इसके बाद 'सतपुड़ा के जंगल' कविता का जीवन में आना लाज़िमी था। पर फिर भी कविताओं ने वह प्रभाव नहीं छोड़ा। बात मेरे बड़े होने के ऊहापोह में खो गई।

इसके बाद थिएटर से रिश्ता जुड़ा। मैं बंबई आकर सत्यदेव दुबे के साथ बतौर अभिनेता काम करने लगा। उनके पहले नाटक में मैंने मुख्य भूमिका निभाई—'इंशा अल्ला'। उस नाटक के अंत में मैं एक कविता कहता था जो मुझे बेहद पसंद थी। सच कहो तो पूरे नाटक में मैं उस कविता के कहने का इंतज़ार करता था—'गीत-फ़रोश'। दुबेजी को भी कई बार वह कविता कहते हुए सुना था। मेरे पूछने पर उन्होंने कहा कि यह कविता भवानी भाई की है। पता नहीं क्यों उस वक़्त मैं भवानी प्रसाद मिश्र और भवानी भाई दोनों को अलग समझता था। मुझे लगता कि भवानी भाई दुबेजी के कोई दोस्त होंगे (और भवानी भाई सच में उनके दोस्त थे भी)। यह शायद छोटे शहर की मानसिकता भी थी कि एक आदमी जो मेरे गाँव के मेरे अड्डे (यानी टूटे-फूटे क़िले के पीपल के पेड़) पर बैठकर कविता लिखता है, उसकी कविता बंबई के नाटक में कैसे हो सकती है?

नाटक सफल रहा। उस सफलता की महफ़िल जमी जिसमें अमरीश पुरी (अभिनेता) साहब भी आए हुए थे। हम सब युवा अभिनेता दुबक कर एक कोने में पुरी साहब और दुबेजी की बातें सुन रहे थे। मुझे बहुत ज़ोर की पेशाब लगी और मैं बाथरूम में चला गया। मैं पेशाब कर रहा था, तभी बाहर अचानक चुप्पी छा गई। फिर मुझे अमरीश पुरी साहब की गूँजती हुई आवाज़ सुनाई दी, "तो पहले अपना नाम बता दूँ तुमको/ फिर चुपके-चुपके धाम बता दूँ तुमको/ तुम चौंक नहीं पड़ना/

यदि धीमे-धीमे मैं अपना कोई काम बता दूँ तुमको।" मैं अचानक उछल पड़ा। मेरा गाँव, मेरा अड्डा, पीपल का पेड़, वह टूटा-फूटा क़िला... सब कुछ मेरा था। वह जो बाहर हो रहा था, वह मेरा था। मैं बाथरूम में ही अपने उत्साह को दबाए बैठा था। कविता ख़त्म होते ही सब लोग ज़ोर-ज़ोर से ताली बजाने लगे। मैं बाहर आया और इच्छा हुई कि सबको कहूँ कि यह मेरी कविता है। भवानी प्रसाद मिश्र ने मेरे अड्डे पर बैठकर लिखी थी यह कविता। मुझे उस वक़्त लगा कि किसी को भी यह कविता तब तक समझ में नहीं आ सकती, जब तक उसे उस पीपल के पेड़ के बारे में न पता हो। वहाँ से कैसे वह घाट दिखता है? क़िला पीछे किस तरह हरकत करता है? कैसे कोई, कैसे यह कविता समझ सकता है बिना मेरे अड्डे को जाने? यह मेरी कविता है। मैंने इसे उसी जगह पढ़ते हुए समझा है, जिस जगह वह लिखी गई। मैं पता नहीं क्या कुछ कहना चाह रहा था, पर बहुत डरपोक था... सो चुप ही रहा। बाद में सब भवानी भाई की तारीफ़ करने लगे, और तब यह बात मेरी समझ में आई कि भवानी प्रसाद मिश्र ही भवानी भाई हैं। तब से भवानी प्रसाद मिश्र मेरे लिए भी भवानी भाई हो गए। स्कूल की किताब से निकलकर अब उनसे एक आत्मीय संबंध जुड़ गया। मैंने उसी भीड़ के कोने में बैठे अपने दोस्तों को यह बात बताई कि यह कविता भवानी भाई ने होशंगाबाद में मेरे अड्डे पर बैठकर लिखी थी। सारे दोस्त हँस दिए। बात किसी ने नहीं मानी।

कुछ सालों में दुबेजी से दोस्ती-सी हो चुकी थी। मेरा छोटे शहर का डर जाता रहा। दुबेजी भी बढ़ती उम्र में बहुत अकेले हो गए थे। वह रात को हॉलीडे-इन में जाकर बैठ जाते थे। इन्हीं कुछ अकेली रातों में मैंने कभी-कभी दुबेजी का साथ दिया था। हमारे बीच भवानी भाई की बातें निकलती रहती थीं। दुबेजी भवानी भाई के बहुत क़रीब थे। उन्होंने बताया कि भवानी भाई की बीवी उनसे बहुत चिढ़ा करती थी। वह गोरेगाँव में रहते थे। भवानी भाई फ़िल्मों के लिए लिखने

लगे, तो देश के बाक़ी सारे कवियों ने उन्हें बहुत भला-बुरा कहा। इसी बात पर उन्होंने 'गीत-फ़रोश' कविता लिखी थी। यह भवानी भाई का सबको जवाब था। मुझे यह बात बहुत अच्छी लगी। उन दिनों मैं लड़कियों को कविताएँ सुनाकर उन्हें इंप्रेस करने की कोशिश करता था। 'गीत-फ़रोश' मुझे रटी हुई थी, और अब तो मेरे पास उस कविता की एक कहानी भी थी। हम कैसे किसी कवि के क़रीब आते रहते हैं। मैं भवानी भाई के बहुत क़रीब था। उनकी जिस कविता ने मुझे उनका सबसे ज़्यादा क़ायल बनाया, वह थी—'सुख का दुख'। मैंने यह कविता दुबेजी के मुँह से सुनी थी। "ज़िंदग़ी में कोई बड़ा सुख नहीं है/ इस बात का मुझे बड़ा दुख नहीं है..." इसके एक-एक शब्द पानी की तरह मेरे भीतर उतर गए थे। मैंने दुबेजी से तुरंत कहा कि मुझे यह कविता चाहिए। उन्होंने साफ़ मना कर दिया। वह कहने लगे, "तुम लड़कियाँ पटाने के लिए यह कविता माँग रहे हो। मैं नहीं दूँगा।" मैंने उन्हें बहुत मनाया, पर वह नहीं माने। मैंने बहुत खोजा कि वह कविता मिल जाए, पर कहीं नहीं मिली। अंत में एक दिन इंटरनेट से डाउनलोड करके यह कविता मेरे दोस्त ने मुझे दी। मैंने इस कविता को तुरंत याद कर लिया। सोचा सबसे पहले इसे दुबेजी को सुनाऊँगा। मैं ठीक वक़्त का इंतज़ार करता रहा। इस बीच दुबेजी की तबियत बहुत बिगड़ गई।

एक दिन उनसे पृथ्वी थिएटर में मुलाक़ात हुई। वह अकेले थे और मुझसे उनकी हालत देखते नहीं बन रही थी। हम अपनी-अपनी चाय पर चुप बने रहे। कुछ देर में उन्होंने कहा कि एक कविता सुनाओ। हम दोनों के बीच कविता का संबंध बहुत सुंदर था। मैंने पूछा, "भवानी भाई?" वह मुस्कुरा दिए। मैं जो कविता सुनाना चाहता था, वह नहीं सुनाई। मैंने उन्हें दूसरी कविता सुनाई, "आराम से भाई ज़िंदगी ज़रा आराम से/ तेज़ी तुम्हारे प्यार की बर्दाश्त नहीं होती अब/ इतना कसकर किया गया आलिंगन ज़रा ज़्यादा है/ जर्जर इस शरीर को/ आराम से

भाई ज़िंदगी ज़रा आराम से... ।" वह मुग्ध इसे सुनते रहे। उन्हें आश्चर्य हुआ कि उन्हें इस कविता के बारे में बिल्कुल नहीं पता था। तुरंत उन्होंने मुझसे यह कविता माँगी। मैंने कहा कि आप 'सुख का दुख' दे दीजिए, मैं आपको यह कविता दे दूँगा। इस हाथ ले, इस हाथ दे। दुबेजी हँसने लगे और बोले कि 'सुख का दुख' तो तुम्हें मैं कभी नहीं दूँगा। मैंने उन्हें नहीं बताया कि 'सुख का दुख' मेरे पास है। मैंने उनसे वादा किया कि अगली मुलाक़ात में उन्हें यह कविता दे दूँगा। मैं वादा पूरा नहीं कर पाया। दुबेजी अस्पताल में भर्ती हो चुके थे। तीन महीने कोमा में रहने के बाद वह चल बसे। उन्हें श्रद्धांजलि देने के लिए उनके कई परिचित और प्रशंसक पृथ्वी थिएटर में मिले। मुझसे कविता पढ़ने को कहा गया। मैंने अपनी जेब से 'सुख का दुख' निकाली। इच्छा हुई कि इस कविता के पहले मैं एक पूरी यात्रा के बारे में बात करूँ। भवानी प्रसाद मिश्र से लेकर भवानी भाई तक। उस टूटे-फूटे क़िले के सन्नाटे से पीपल के पेड़ तक, 'आराम से भाई ज़िंदगी ज़रा आराम से' से 'सुख का दुख' तक... और तब यह कविता सुनाऊँ क्योंकि मैंने सीख़ा है कि जब आपको कविता के पीछे की कहानी पता चलती है, तब कविता आपकी अपनी हो जाती है। लेकिन मैं सीधे कविता पर आया। कविता सुनाई और चुपचाप वहाँ से चल दिया। दुबे जी की वजह से मैं भवानी भाई के क़रीब आया और भवानी भाई की वजह से दुबेजी के। बहुत कम ऐसे लेखक होते हैं, जिन्हें लेकर आपके मन में यह ख़याल आता है कि एक शाम चाय के साथ इनके साथ टहला जाए। भवानी भाई को लेकर मेरे भीतर बार-बार यह ख़याल आता है कि इनके साथ एक बार टहला जाए। एक शाम, एक छोटी यात्रा जैसी चाय पी जाए। उनके मुँह से उनकी कविताएँ सुनी जाएँ और यह बात पूछी जाए कि क्या सच में आपने होशंगाबाद के उस टूटे-फूटे क़िले के पीपल के पेड़ के नीचे बैठकर 'सन्नाटा' लिखी थी?

Red Sparrow के शोज़ ख़त्म हुए। इतने शोज़ के बाद कुछ लोगों को नाटक बहुत पसंद आया और कुछ लोगों को बिल्कुल समझ में नहीं आया। नाटक, लेखन में कठिन था। निर्देशन में मैंने और मंच पर अभिनेताओं ने बहुत मज़ा किया। नाटक के बाद बहुत से लोगों से मिला। सबने अपने-अपने तरीक़े से अपनी बात रखी। मैं सबकी समस्या से सहमत था। सबकी अपनी-अपनी जगह थी नाटक को देखने की। मैं सारा कुछ ख़त्म करके घर आया तो चेहरे पर एक तसल्ली थी। एक प्रयोग पूरी तरह जैसा दिमाग़ में था वैसा का वैसा संपन्न हुआ। मेरे दिमाग़ में एक ही शब्द था Red Sparrow को लेकर—Celebration.

कुछ लेखकों से संवाद, कुछ लेखकों के लेखकों से संवाद, कुछ उनकी आपस के पात्रों से बहस और पात्रों का आपस में संबंध। मैं लेखन का उत्सव मनाना चाह रहा था, जिसमें सारे हीरो लेखक हों या पात्र हों। सो उसी मिजाज़ से उसे उसी तरह डायरेक्ट भी किया था। कुछ थ्रिलर और कॉमिकबुक स्टाइल में। बुकोव्स्की के लेखन का निर्देशन में भी प्रभाव था। इसमें बहुत से छोटे-छोटे कनेक्शंस थे, जिनका स्वाद मैंने लिखते हुए और अभिनेताओं ने अपने अभिनय में चखा।

मैंने कहीं पढ़ा था कि आप वही दुनिया बनाते हो जिसमें आप रहते हो...। मैं इस बात को थोड़ा-सा आगे बढ़ाना चाहता हूँ कि मैंने एक दुनिया बनाई है—नाटकों की, कहानियों की, लेखन की... मैं उसी में रहता हूँ और जो भी क़रीब आता है, वह वही देखता है जो यहाँ इस

दुनिया में बचा पड़ा है। जो मैं लिखता हूँ, वही मैं हूँ... इसके बाहर मेरा कोई अस्तित्व नहीं है।

नाटक में कहानी न कहने का एक प्रयोग जिसका मैं बहुत समय से प्रयास कर रहा था वह—Park और Red Sparrow में—किसी हद तक पूरा होता-सा दिखा है।

***

मेरे घर के सामने बहुत-सी अलग-अलग क़िस्म की छोटी-बड़ी चिड़िया, किंगफ़िशर, तोते, कौवे, उल्लू, बगुले, चीलें आदि आकर पेड़ पर बैठते हैं। इस बात से बिलकुल अनजान कि दुनिया बदल रही है। मैं कभी-कभी इन्हें चिल्लाकर कहता हूँ, "अरे दोस्तो, क्या इतराए फिर रहे हो, दुनिया बदल रही है।" पर यह मेरी तरफ़ देखते तक नहीं। इन बेचारों को कुछ नहीं पता। हाँ वे बिचारे हैं। उनको 'बेचारा' कहकर मैं बड़ी सांत्वना भरी नज़रों से उन्हें देखता हूँ। अरे 2050 तक इस देश में माओवादी राज करेंगे। कुछ लोग एक किताबी समाज की परिकल्पना साकार करने पर तुले हुए हैं और कुछ लोग सारा कुछ हिंदू कर देंगे। कुछ लोग सिर्फ़ भाषा के कारण मरेंगे, कुछ रंग के कारण, कुछ जाति के कारण और धर्म के कारण तो मार-काट मची ही हुई है। ये सब सुनते ही कुछ बगुले पेड़ से उड़ गए, पर एक चिड़िया पेड़ से उड़कर मेरी बालकनी की मुँडेर पर आकर बैठ गई। मुझे लगा चलो इसे तो इस बात की चिंता है कि दुनिया बदल रही है। मैंने धीरे से उससे कहा, "सुनो और अपने साथियों को भी बता देना कि सिर्फ़ धमाकों की आवाज़ भर से तुरंत उड़ जाने वाली कला अब तुम लोगों के लिए काफ़ी नहीं होगी। तुम्हें और भी गुण सीखने होंगे। पहले तो मेरे जैसे बहुत सारे लोग बढ़ाने होंगे जो तुम लोगों को बेचारा समझें। तुम्हें यूँ इठलाते हुए उड़ने के बजाय, बेचारा दिखने का अभ्यास करना होगा। अगर मनुष्य को तुम पर दया नहीं आई तो तुम लोगों का जीवित रहना एक सभ्य समाज में नामुमकिन है।" तभी वह चिड़िया मुड़कर दूसरी तरफ़ देखने लगी। मुझे लगा नाराज़ हो गई है।

मैंने हौले से कहा, "तुम्हें शायद पता नहीं है कि मनुष्य ने तुम सब लोगों और तुम्हारे जैसे जितने भी इस पृथ्वी पर मौजूद हो, की छान-बीन शुरू कर दी है। भाषा, रंग, जाति, धर्म... सब कुछ पता कर रहे हैं। अब अगर तुम अपने आपको बेचारा मानकर, लुप्तप्राय प्रजाति में शामिल हो जाओ तो मनुष्य तुम्हारी मदद करेगा।" इस बात पर वह उड़ गई। मैं अपने कंधों को उचकाया और सोचा—मरेगी यह भी। कुछ देर बाद मैंने देखा कि मेरी बालकनी की मुँडेर पर दो चिड़ियाँ फड़फड़ाती हुई चली आईं। उसमें से एक शायद पहली वाली ही है जो मेरी बात सुनकर उड़ गई थी, शायद उसको लगा होगा कि मैं कोई महत्वपूर्ण बात कह रहा हूँ जो उसकी समझ में नहीं आ रही है सो वह अपने बीच की एक समझदार चिड़िया को साथ लेकर आ गई है। मुझे ऐसा लगा। मैं ठीक-ठीक कुछ भी समझा नहीं पा रहा हूँ शायद। मैंने कहा, "सुनो, मैं ठीक-ठीक कुछ भी नहीं कह सकता हूँ।" मुझे यह वाक्य बहुत अच्छा लगा। सो मैंने इसे ही आगे बढ़ाया, "देखो, मनुष्य कभी भी ठीक-ठीक कुछ भी नहीं कह सकता है। जिस अच्छी दुनिया की कल्पना कुछ मनुष्यों के दिमाग़ में है, ऐसा कहते हैं कि वह बहुत उम्दा है। एक विचित्र आदमी हुआ था, उसने एक आदर्श दुनिया के अपने दिमाग़ी ख़्वाब को किताब में उतार दिया था। कुछ लोगों का तो यह भी मानना था कि वह किताबी दुनिया, किताब में बहुत सुंदर लगती है तो 'शायद' सच में भी वह इतनी ही सुंदर होगी। इन मानने वालों ने सबको मनवाने के लिए बहुत सारे प्रयत्न किए, लेकिन असफल रहे। ऐसी बहुत सारी अच्छी किताबें हैं जिन्हें लोग सँभालकर रखते हैं। उसमें दुनिया बहुत ग़ज़ब दिखती है। ऐसा उन किताबों के मानने वालों का कहना है। अब सभी लोग इन सारी किताबी काल्पनिक दुनिया को जल्द से जल्द व्यवहार में लाना चाहते हैं। इसके लिए उन्होंने उन सब लोगों को मारने की ठान ली है जो उनकी दुनिया का हिस्सा नहीं होना चाहते हैं।" मैंने देखा दोनों चिड़ियाओं ने मेरे सामने शिट कर

दिया। एक बार मुझे देखा और फिर उड़ गईं। मैं पीछे से चिल्लाने लगा, "अच्छा तुम्हें यह सब मज़ाक़ लगता है! दुनिया सच में बदल रही है। यह दुनिया ऐसी नहीं रहेगी कहे देता हूँ, या तो हिंदू मार-मारकर सब कुछ भगवा कर देंगे, या इस्लाम सबको निगल जाएगा, या तो माओवादियों का आदर्श समाज बनेगा, या तो ईसा मसीह सबको अपनी ओर कर लेंगे और उनके पापों के प्रायश्चित के लिए चर्च में बंद करके सबको ख़ूब रुलाएँगे... भाई सब कुछ होगा। पर यह दुनिया वैसी नहीं रहेगी जैसी यह दिख रही है। सो मेरे प्यारे पक्षियो, तैयारी कर लो, कुछ और होने की। इस बदलाव की आँधी में 'बेचारे' ही बचेंगे। 'बेचारा' बनना सीखो।"

घर की चौखटों पर बैठे हुए दुपहरें कटती थीं। वहीं चाय की प्यालियों पर क़िस्सागोई का संसार रचता था। झीने परदे से घर और बाहर बँटा रहता। खेलते-कूदते हर बार घर से बाहर निकलता ताकि बार-बार घर वापिस आ सकूँ।

अब वापसी शब्द को अपने बटुए में सँभालकर रखता हूँ। जब भी बटुए से वापसी शब्द बाहर गिरता है तो घर की चौखट याद आती है। क्या वापसी संभव है?

हम जब भी वापिस जाते हैं तो लगता है कि हम वहाँ नहीं आए हैं, जहाँ से हम निकले थे। हम चौखट छूते हैं, तो लकड़ी की फाँस उँगली में चुभ जाती है। झीना परदा अब हट चुका है। हम घर से दौड़ते हुए बाहर निकले थे। अब चौखट लाँघने में सिर दरवाज़े में टकरा जाता है। दर्द के मारे जब हम चौखट पर बैठते हैं तो फिर वही दुपहरें याद आती हैं। हम अपने ही घर की चौखट पर बैठे हुए घर को याद करने लगते हैं और वापसी को फिर बटुए में सँभालकर रख लेते हैं, मानो वह बचपन की पीली पड़ गई श्वेत-श्याम तस्वीर हो।

...

कोमल सपने से ही तो शुरुआत हुई थी। इतनी कोमलता की शायद आदत नहीं थी सो हमने उसे बहुत भीतर दबा दिया था। लोग हँसी उड़ाएँगे के डर ने उस सपने के बीज को तोड़ दिया था। कोमल सपने का एक पौधा फूटा, पर उसका रंग हरा नहीं था। उसके रंग माँ की पुरानी पड़ गई साड़ियों से मिलते थे। उसके आँचल से, घर की धुँधली

पड़ गई दीवारों से, दरारों से, गाँव की गलियों से, कश्मीर की बर्फ़ से, आसमान से।

उस पौधे के रंगों में नहीं जिए जा सके जीवन की सौंधी ख़ुशबू थी। फूल नहीं थे। फूल खिलने में अभी बहुत वक़्त था। ये उन कोमल सपनों की सुबहें थीं जिनकी जड़ों को बस एक घनघोर बारिश का इंतज़ार था।

वह गाँव में देर रात, बहुत छुपकर बड़े ख़्वाब देखा करती थी। ऊपर आसमान में, एक तारे-सा वह चमकता दिखता। वह किसी से कह नहीं पाती, पर लगता कि यही तो है जिसे पूरा जीवन तलाश रही थी। उसे देखते-देखते वह आँगन में ही सो जाती थी। सुबह होती तो सूरज की रोशनी में जो जैसा है, ठीक वैसा ही दिखता। बस वह तारा उसे नहीं दिखता। तो क्या वह सिर्फ़ उसका सपना ही देख सकती है? यथार्थ में वह सारा कुछ झूठ है? वह यह मानने को तैयार नहीं थी।

उसने अपने विश्वास का एक पुल बनाया जो छुपे हुए तारे को दिन के उजाले से जोड़ता था। वह पुल पर दौड़ते हुए एक ऊँची छलाँग लगाती है। एक सपना पूरा होता है। सपना पूरा होने की सुबह में एक नदी है, उसके विश्वास का पुल है, एक चिड़िया है और दूर वह एक तारे-सी चमक रही है।

आसमान देखते ही आँखें चील तलाशती हैं। उस चील की कहानी में मेरा बचपन शुमार है। श्रीनगर की गलियों में, पिता की उँगली पकड़कर जब मैं उनसे कहता कि रात एक डरावना सपना देखा तो वह कहते कि अपने डरावने सपने चील को सुना देना, वह उसे दूर बादलों में छोड़ देगी, फिर वह वापस नहीं आएगा। मैंने कहा कि ऐसा थोड़े ही होता है! पिता बोले कि देखो तुम्हें मानना पड़ेगा, यह जीवन गणित की इक्विशन की तरह है, उसे हल करने के लिए 'माना कि' से शुरुआत करनी पड़ती है। माना कि चील तुम्हारा सपना सुन रही है, या अगर तुम मान लो कि मैं तुम्हारे साथ नहीं हूँ।

मैंने मान लिया कि श्रीनगर की इस गली में पिता मेरे साथ नहीं हैं और मेरे पिता ग़ायब हो गए। मैं इसके लिए तैयार नहीं था। हम असल में अपनों के ग़ायब हो जाने के लिए कभी तैयार नहीं हो पाते। घबराहट में मैंने कहा, ''माना कि यह सब सपना है।'' तभी एक चील मेरे सामने आकर बैठ गई। यह क्या था? मैंने चील से कहा कि मुझे यह सपना नहीं चाहिए। इस नींद से मुझे उठा दो, पापा कहाँ हैं? अभी तो कितना कुछ रह गया था। यह सब सुनकर चील उड़ गई। बहुत देर बाद मैं बुदबुदाया 'माना कि' मैं एक अच्छा बेटा होता।

बार-बार इच्छा होती है कि भटक जाऊँ। पूरे जमे-जमाए खेल को बिगाड़ दूँ और फिर से खेलना शुरू करूँ। जब पता है कि दूसरे मोड़ के बाद अगर दाएँ मुड़ूँगा तो वापसी मुश्किल होगी, फिर भी सारी पीड़ा को जानते-बूझते दाएँ मुड़ता हूँ। भीतर से जानता हूँ कि मैं सामान्य हूँ, फिर भी असामान्यता आकर्षित करती है। इन सबमें 'मैं अच्छा इंसान हूँ' के कपड़े शरीर से चिपकाए रहता हूँ। भटकने के ठीक बाद लगता है कि इन रास्तों ने मुझे ठग लिया है, मैं तो अच्छा इंसान हूँ। पर भीतर-ही-भीतर ठगे जाने में अजब संतोष भी मिलता है। सब कुछ बिगड़ता हुआ दिखता है तो मैं अच्छा इंसान होने की तरफ़ भागना शुरू करता हूँ। पर हर बार देर हो जाती है। मैं पूरी तरह हार जाने के ठीक पहले थक जाता हूँ।

मुरझाने के ठीक पहले सूरजमुखी और सूरज के बीच का खेल समझ में आता है, लेकिन जड़ से छूट जाने में फिर देर कर देता हूँ।

कहता हूँ कि कारण तू है, पर हर बार आईना सामने रखना भूल जाता हूँ।

मेरे भाई और मेरी उम्र कुछ आठ या नौ साल की होगी, जब हमने कश्मीर छोड़ा था। कश्मीर छोड़ने का हमें उतना दुख नहीं था जितना तितली से बिछड़ने का। तितली हम दोनों भाइयों का पहला प्यार था। जाते वक़्त मैं ख़ुद को सँभाल नहीं पाया और तितली के सामने रो दिया, तभी मेरा भाई आया और उसने कहा कि चलो जाना है, और जाते वक़्त उसने तितली से उसकी एक श्वेत-श्याम तस्वीर माँग ली। मैं उस वक़्त भाई की इस हरकत पर बहुत हँसा था और सच्चे प्यार पर ज्ञान भी बघारा था, पर बाद में मुझे मेरी मूर्खता का एहसास हुआ।

हम गाँव आ चुके थे। कश्मीर अब हमारे क़िस्सों में था, पर जब-जब कश्मीर की बात उठती हम दोनों को तितली उड़ती हुई दिखती। मेरा भाई तुरंत दूसरे कमरे में चला जाता। बाहर बैठा मैं जानता था कि वह भीतर तितली की ब्लैक एंड व्हाइट तस्वीर निहार रहा होगा, और तब से सालों तक मैं तितली के साथ अपने रोने पर पछताता रहा। मुझे मेरे भाई को बहुत ख़ुश करना पड़ता था, तब कहीं जाकर वह मुझे किसी दुपहर तितली को निहारने देता था। बशर्ते कि मैं तस्वीर को छू नहीं सकता था और घूरना बिल्कुल मना था। वह शायद उसकी स्कूल आईडी से निकाली तस्वीर थी। वह उसमें परी की तरह लगती थी। लगता था कि अभी तस्वीर से बाहर निकलेगी और कहेगी, ''चलो उड़ते हैं।'' भाई के निक्कर की जेबों में वह तस्वीर ज़्यादा नहीं टिक पाई। हम भी गाँव की गलियों में भटकने लगे थे। तितली उड़ गई थी। अभी कुछ साल पहले पिता कश्मीर की अपनी अंतिम यात्रा पर थे और वह तितली के परिवार से मिले। जब वह वापिस घर आए तो हम दोनों

भाइयों ने पिता से आते ही पूछा, "तितली कैसी है?"

पिता ने कहा, "उसकी शादी हुई और पहले बच्चे की डिलेवरी में उसके पैरों ने काम करना बंद कर दिया, पति छोड़ चुका था, डिप्रेशन की वजह से कुछ समय पहले वह चल बसी।"

हम दोनों भाई और कुछ भी जानना नहीं चाहते थे। बहुत देर की चुप्पी के बाद मेरा भाई उठा और भीतर कमरे में चला गया। मुझे लगा कि वह भीतर तितली की तस्वीर निहार रहा होगा। पर मेरे भाई ने तो कहा था कि वह तस्वीर निक्कर में रखे-रखे गल गई। पहली बार मैं खुद को सँभाल नहीं पाया और भाई के कमरे की तरफ़ बढ़ा। मैं दरवाज़ा खोलने ही वाला था कि मुझे भीतर से भाई की आवाज़ आई। उसने बहुत हल्के-से 'तितली' कहा। मैंने डरते हुए दरवाज़े का एक पलड़ा हल्का-सा खोला और देखा कि मेरा भाई ज़मीन से डेढ़ इंच ऊपर हवा में तैर रहा है।

मैं इसकी ख़ुशबू पहचानता हूँ—यह मेरे ख़ून में है। जब मैं अपनी माँ के क़रीब होता हूँ तो किन्हीं बहुत सुंदर क्षणों में एक ख़ुशबू उनके पास से आती है। यह ख़ुशबू मेरे कश्मीर की ख़ुशबू जैसी है—मेरा कश्मीर। पर यह क़तई वह कश्मीर नहीं है जिसका ज़िक्र टी.वी. पर या अख़बारों में होता है या महफ़िलों में जिस पर चिंता व्यक्त की जाती है। ना। मेरे कश्मीर में तो हर सुबह बेकरी से उठता धुआँ है जिसमें ताज़ी रोटी की ख़ुशबू है, कहवा है, चील है, ख़्वाजाबाग़ है, अब्दुल्ला का ताँगा है, बुख़ारी है, फ़ैरन है, बानिहाल है, राजमा-चावल हैं, तितली है, खुला-नीला आसमान है जिसमें सुफ़ेद रूई जैसे बादल हैं, पर ये बादल हाथी-घोड़े नहीं बनाते। ये विस्फोट के बाद की चुप्पी के-से बादल हैं। इनमें पानी नहीं कहानियाँ भरी हुई हैं। बर्फ़ के बाद खिली हुई धूप जैसी कहानियाँ। यक़ीन मानिए यह बिल्कुल वह कश्मीर नहीं है जिसे आप जानते हैं। मेरा कश्मीर वो है जिसकी ख़ुशबू, किन्हीं बहुत सुंदर क्षणों में, मुझे मेरी नाभि के पास से कहीं आती है।

नदी से देर तक बातें करने की आदत बन गई थी। बहुत दुपहरों में मैं नर्मदा के किनारे बैठा रहता। हमेशा लगता कि मेरी सारी बातें नदी बहाकर दूर ले जाएगी। उस दूर में कहीं जवाहर टनल जैसी लंबी अँधेरी गुफा होगी और उस गुफा के बाद बहुत सारा उजाला होगा। उस उजाले में जो जिस रंग का है, वह उसी रंग का दिखेगा। 'मैं' कहीं गुम जाएगा और हमेशा 'हम' जैसी बातें होंगी। सब कुछ उलझा हुआ, सुलझा हुआ सुनाई देगा। उस सुलझे हुए की अँगड़ाई में मन पतंग होगा और जिस दिन मैं उस पतंग को वापस इस नदी में बहा दूँगा, उस दिन मैं अपने आपको माफ़ कर दूँगा।

एक उम्र में लगता था कि हम गोदो हैं। हम वहाँ नहीं पहुँच पा रहे हैं, जहाँ हमारा इंतज़ार हो रहा है, और इसके चलते लगातार एक हड़बड़ी मची रहती थी। हम ख़ुद परेशान थे और दूसरों को परेशान करना नहीं भूलते थे। लगता था कि बस एक बार वहाँ पहुँच जाएँ, जहाँ लोग हमें देखते ही कह दें, ''बताओ कब से तुम्हारे इंतज़ार में थे।'' फिर हम अचानक रुक गए, लगने लगा कि असल में हम इंतज़ार करने वाले हैं और गोदो तो कोई और ही है। बुद्ध की सारी बातें हमारे इंतज़ार का बहाना बनीं और हम बैठे रहे, पर गोदो के दर्शन नहीं हुए। थक-हारकर हमने चलना शुरू किया। जब थकान से हम भीतर ख़ाली हुए तो हम ऐसी-ऐसी जगहों पर पहुँचने लगे, जिनकी कल्पना तक हमने नहीं की थी। कहीं पहुँचना और किसी का इंतज़ार, सब निरर्थक हो गया। बेपरवाही, बेवजह, आश्चर्य, उत्सुकता जैसे शब्दों का आकर्षण बढ़ गया। कितना अच्छा हुआ कि गोदो नहीं आया, वरना हम क्या करते उसका? और भला हुआ कि हम गोदो नहीं हुए और भटकते रहे। अब स्थिति यह है कि अगर इस यायावरी में कहीं गोदो टकरा जाए तो मैं उसे पहचान नहीं पाऊँगा और कहीं किसी ने गोदो पुकारा तो मैं पलटना भूल जाऊँगा।

कितनी देर लगती है कूदने में? मैंने डर देखा है डूबने का वहाँ, जहाँ छलाँग कभी मारी नहीं गई। पानी असल में हमें कभी नहीं डुबोता, हमें भविष्य के डर डुबोते है। त्रासदी है तैरने के ज्ञान की, जिसे बिना पानी में कूदे हमने हासिल किया है। असल में सब कुछ एक कहानी ही तो है। कई सौ साल बाद हम एक बड़ी कहानी का छोटा-सा हिस्सा होकर रह जाएँगे। तो डर किसका है? हम अपनी कहानी दूसरों के जीवन में क्यों टटोलते हैं? असल में हम अपनी कहानी में कभी जीत नहीं सकते, हम महज़ उसे जी सकते हैं। मौन हमारी कहानी में बिना दीवार वाला पूजा का कमरा है। यही वह जगह है, जहाँ कहानी दिलचस्प होती है। इस कमरे को सजाना मौन का क़त्ल है, पर हमारी 'घर बनाते रहने की आदत' इस पूजा के कमरे में, 'हम जैसा बनना चाहते हैं' की मूर्ति ठूँस देती है। बस... ठीक यहीं से कहानी बोरिंग हो जाती है।

मुझे हमेशा से पुलों के बहुत सपने आते थे। एक डर लोगों ने बनाकर रखा था कि दूसरी तरफ़ जाओगे तो भटक जाओगे। वापसी नामुमकिन है। मेरा बचपन हमेशा पुलों और ट्रेनों को ताकते हुए गुज़रा है... कहाँ ले जाती हैं ये सबको, कौन-सी दुनिया है उस तरफ़ जिससे डरकर रहना है? फिर एक दिन किसी ख़ाली पुल पर मैंने पहला क़दम रखा था। मैं नंगे पैर था। दुपहर का समय था। मेरी परछाईं मेरे पैरों तले थी और मज़े की बात थी कि यह सपना भी नहीं था। लोग सच कहते थे कि भटक जाओगे, वापसी असंभव है। क़सम से मैं भटक गया हूँ और वापसी की कोई चिंता नहीं है। अब मैं डर के मारे बार-बार ख़ुद को च्यूंटी काटता हूँ कि कहीं यह सपना तो नहीं है।

किसी को विश्वास नहीं था कि वह एक दिन 'अच्छी लड़कियों जैसा बने रहने की' अपनी दुकान को छोड़कर चली जाएगी। लेकिन वह एक दिन चली गई। बची रह गईं सारी अच्छी औरतें और लड़कियाँ—बिना ग्राहक की सजी-धजी दुकानों में—उसका जाना ताकती रहीं।

ग्राहक थे नहीं, पर आदतन वह रोज़ 'अच्छी लड़कियाँ बने रहने की' दुकान खोल लेती थी। अब सब लोगों को साथ-साथ दुकान खोलने एक काम मिल गया था। एक औरत, दूसरी लड़की की दुकान में झूठी ख़रीद-फ़रोख़्त करने के बहाने जाती और उसकी बुराइयाँ करने लगती। उसकी बुराइयाँ इतनी ज़्यादा बढ़ गई थीं कि सभी औरतें उसके चले जाने को एक बड़ी भूल मानने लगीं, और अपने यहाँ बचे रह जाने को एक उपलब्धि।

बहुत बाद में जो जा चुकी थी उसका नाम पंछी रखा गया, क्योंकि उसकी बुराई करते हुए सबकी ऊपर देखने की आदत हो गई थी। उस गाँव का नाम कुआँ पड़ गया और सारी अच्छी लड़कियों की एक भाषा तय की गई—टर्र टर्र टर्र टर्र, आदेशानुसार!

यह स्थिति हर बारिश में होती है। गर्म चाय के साथ खिड़की पर बैठे हुए बारिश ताकना। असल में बारिश कितना कुछ बहाकर ले आती है—बीती हुई खिड़कियाँ, बालकनी, टूटे हुए बटन वाली शर्ट, एक पैर की जुर्राब, कोमल प्रेम के क्षण, रतजगे, घर की ख़ुशबू। हर ऐसे वक़्त हम एक ठंडी आह भरते हैं! कहीं किसी घर से कोई पुराना संगीत सुनाई देता है और लगता है कि हम बारिशों के पुराने .फ़ोटो एलबम लिए खिड़की पर बैठे हैं। उस गाने के साथ अभी की खिड़की के रंग बदल जाते है। बारिशें कुछ बहाती नहीं हैं। वे सारा कुछ इकट्ठा कर देती हैं। हम अपनी चाय पर बैठे हुए बारिश में खिड़कियों का बदलना देखते हैं।

बारिश को देखने में तरबतर भीग जाने का सुख छिपा है।

किसी के मरने का आपको उतना दु:ख नहीं होता है, जितना इस बात का कि उसके साथ-साथ वह संबंध भी जल गया जिसे सिर्फ़ आप दोनों जी रहे थे—एक साथ। फिर लगने लगता है कि जैसे आपके साथ धोखा हुआ है। आप दोनों के संबंध का एक पुल था जिस पर आप दोनों चला करते थे—एक साथ। अचानक वह अपना हिस्सा काटकर अलग हो गया। अब आप अधूरे पुल के छोर पर खड़े हैं, जहाँ से आपको उसके जीवन का किनारा तो दिख रहा है, पर उस किनारे के रहस्यों को आप कभी जान नहीं पाएँगे। वह दिन-ब-दिन आपसे दूर होता जाएगा।

धीरे-धीरे सरकते हुए हम यहाँ तक पहुँच गए हैं। कई क़िस्म के परमुटेशन एंड कॉम्बिनेशन के बाद हम कुछ अजीब-से इंसाननुमाँ बन गए हैं। हमारी आपस में ही एक क़िस्म की सतर्कता है, फिर सतर्कता का और सतर्कता में अपना एक भय है। भय के आते ही उसके बहुत से नियम आ जाते हैं। भय, दूसरे भयों को आकर्षित करता है। भय से पनपे नियमों को टटोलते-टटोलते कुछ और नियम हमसे आकर चिपक जाते हैं, बाद में हम इन्हें हमारे जीने के नियम कहना शुरू कर देते हैं। सतर्कता का भय बहुत पीछे छूट जाता है और हम नियमों के प्रिज़्म में जीने लगते हैं। भय के नियम कब ईश्वर के नियम बन जाते हैं, इसका हमें कभी पता नहीं चलता। त्रासदी वहाँ से शुरू होती है, जब हम इन नियमों के लिए लड़ना शुरू कर देते हैं। लड़ने का कोई संस्कार नहीं होता है। लड़ाई के अपने अलग भय, नियम और प्रिज़्म हैं... जो एक बार शुरू होते हैं तो बहुत सारा ख़त्म करके ही दम लेते हैं।

कभी बहुत अजीब-सी चीज़ों को देखकर लगता है 'अरे ये तो बिल्कुल मेरे जैसा है...' जैसे कम्प्यूटर—नया नहीं, पुराना वाला। मैं असल में एक पुराना कम्प्यूटर हूँ, जो हैंग हो जाता है—ख़ासकर बहुत ज़्यादा हलचल होने पर। किसी बहुत ख़ूबसूरत जगह पर जाकर मैं अक्सर यह सोचता हूँ कि क्या इतनी सारी ख़ूबसूरती को देखने की जगह है मेरी हार्डड्राइव में? मैं बहुत में से बहुत कम उठाता हूँ—जितना पचा सकता हूँ। ज़्यादा में फिर हैंग हो जाता हूँ। मुझे पता है कि मैं बहुत पुराने ऑपरेटिंग सिस्टम पर काम करता हूँ। असल में इसके फ़ायदे भी हैं, जैसे पीड़ा अगर बहुत होती है तो असर नहीं करती। कुछ वक़्त बाद वह ख़ुद ही आसान हो जाती है। हताशा भी इतने धीमे क़दमों से क़रीब आती है कि पास पहुँचने तक वह जीने की आदत का ऐसा हिस्सा बन जाती है कि चाय पूछने पर मैं नहीं हताशा हाँ बोलती है।

पुराने कम्प्यूटर में एक गेम होता था पैकमेन (PACMAN)। मैं लगभग वैसा ही हूँ, जो दुःख की आई हुई बाढ़ में भी अपने सुख के तिनके बटोरने में व्यस्त रहता है।

बचपन के कुछ घर छूट गए थे। हमेशा लगता कि छूट नहीं गए हैं। एक दिन जाऊँगा। हम वहाँ कभी नहीं जा पाते हैं। पर एक उम्र आती है—जब वे जगहें सपनों में दख़ल देने लगती हैं—और तब आपसे रहा नहीं जाता।

वह क़रीब छब्बीस साल बाद जब कश्मीर के अपने घर वापिस गया तो बहुत देर तक बरामदे में ही खड़ा रहा। घर खंडहर हो चुका था। वह—मौन, चुप, शांत—खड़ा ताकता रहा। ये कभी उसका घर था। बीता हुआ किस क़दर रिसता रहता है—उन दरारों से जिनके भीतर वह कभी बचपन में अपनी टाफ़ियाँ छुपाया करता था। बाहर दरवाज़े पर बरसों पहले ताला लग गया था। दरवाज़े की लकड़ी भी कुछ फट-सी गई थी। उसने दरवाज़े की दरार में से झाँका—बचपन के अवशेष कमरे के भीतर धूल खा रहे थे। उसकी निगाह लकड़ी की अलमारी पर गई। उस पर स्टिकर अभी भी चिपके हुए थे। ब्रूस ली, चाचा चौधरी, साबू, नागराज, फैंटम, बिल्लू-पिंकी। उसके हाथ दरवाज़े को धक्का दे रहे थे। बाहर ताला ज़ंग खा चुका था। चाबी नए घर में कहीं सँभालकर रखी हुई थी। सँभालकर रखी चीज़ों में उसे लगा कि उसका बचपन भी था जो धूल खा रहा था। अब वह बंद दरवाज़ों में पड़ी दरारों से उसमें झाँक सकता था। बस।

जब वह वापिस आ गया तो एक सुबह झटके से उठा। नींद खुलने के बाद वह अपने बिस्तर के सामने खड़ा देर तक उसे ताक रहा था। उसे लगा जैसे बीते हुए ख़ुद के खंडहरों के सामने मूक फ़िल्म देख रहा हो। बिस्तर के किनारों से क़िस्सों जैसा वह रिसता रहा, फिर

भी अपने बचे हुए के हिस्से बीनने वह बार-बार सुबह तैयार होकर बाहर निकलता है—अंकुरित होते वक़्त जब तिड़का था पेड़ बनने के लिए—इस बिखरे हुए सब में वह उस तिड़कन के टुकड़े खोजता फिरता है... मानो वे ही उसके होने के गवाह हों। कुछ खोया-पाया-सा जब वह घर वापिस आता है तो फिर ख़ुद को अपने बिस्तर के सामने खड़ा पाता है—बिल्कुल वैसे ही जैसे खड़ा था वह उस खंडहर के सामने जो कभी उसका घर था।

...

कभी सोचा किसी बहुत अपने से पूरा का पूरा कह दूँ और निकाल दूँ उसे भीतर से या उसे लिख दूँ, उकेर दूँ उसका होना किसी किताब में और फिर उस किताब को किसी नदी में बहा दूँ या कभी किसी खेल में खेल-खेलकर उसे हरा दूँ... बहुत कोशिशें की थीं मैंने जब पहली बार उसे देखा था। मैं तभी समझ गया था कि यह सपना जाने वालों में से नहीं है। मैं उस सपने की बात कर रहा हूँ जो सोने नहीं देता है, लगातार एक टीस-सा बना रहता है। एक कहानी चलती रहती है, जिसे पूरा किए बग़ैर चैन नहीं मिलता। किसी एक जगह पहुँचता हूँ तो लगता है कि चलो ख़त्म हुआ स्यापा, पर नहीं उस जगह से फिर एक गली खुलती है। गली मुख्य सड़क पर निकलती है और फिर कहानी की अनंत संभावनाएँ खड़ी हो जाती हैं। सपना 'असंभव को साधना' जैसी बातों से शुरू हुआ था। शायद! आज असंभव पूरा आकाश है। असंभव यह ख़ूबसूरत सुबह है। यूँ लगता है कि जिस सपने को जब देखा था, उसे जीने का आज पहला दिन है। क्या मैं तुम्हें अपना पहला दिन कह सकता हूँ?

वह कहती थी कि उसे नींद नहीं आती है, फिर चुप हो जाती थी। वह दूर कहीं ताकती हुई कुछ किताबों का ज़िक्र करती थी। वह कहती कि सारी की सारी कहानियाँ पुरुषों की ही क्यों है और सारी कहानियों में हम आपस में गुत्थमगुत्था क्यों हैं—पतंग के माँझे की तरह? वह छत पर जाती है और तेज़ धूप में छोटी बच्ची-सी उस माँझे को ताकती है और पूछती है कि क्या मेरा जिया मेरा ही है या वह किसी और की कहानी का हिस्सा है? हम अपनी कहानी में कम और दूसरों की कहानी में क्यों ज़्यादा बिखरे पड़े हैं? क्या ख़ुद को समेटा जा सकता है? किसी समझदार पुरुष की अनुभवी भारी आवाज़ कहीं से आती है, "सुलझाना और उलझ जाना—हमेशा के लिए।" यह सुनते ही वह 'दिलचस्प' कहकर ठहाका लगाती है। मैं सुलझाने की कोशिश करूँगी! क्यों? यह माँझा मेरा है और उसका उलझना भी मेरा ही होना चाहिए। अचानक सारे पुरुषों को डर लगने लगता है, उस बच्ची से जो छत पर तेज़ धूप में उस गुत्थमगुत्था माँझे को सुलझाने के लिए पहली बार उठाती है।

बचपन में तेज़ बारिश में जब भी छाता हाथ में होता है तो मुझे लगता है कि यह छाता नहीं है, यह मेरे स्कूल मास्टर हैं। बड़ी इच्छा होती कि भीग जाऊँ और भूल जाऊँ कि स्कूल मास्टर मेरे साथ हैं। पर डाँट खाने का भय कभी भीगने नहीं देता। मैं अपने पास छाता होने को कोसता रहता। स्कूल बस की खिड़की से दूसरों को बारिश का मज़ा लेते देखता और कुढ़ता। फिर मैं धोखा देना सीख गया। घर पर कई तरीक़े के बहाने खोजे और भीगता रहा। एक बार छककर भीग जाऊँ में मैंने असल में जाने कितने छातों को धोखा दिया है।

आजकल कोई मास्टर नहीं है। तेज़ बारिश में घर में बंद रहता हूँ और खिड़की से बारिश ताकता हूँ। बाहर निकलता हूँ तो तेज़ बारिश में छाता घर रह जाता है और भीगना फिर भी भूल जाता हूँ।

बहुत दिनों बाद माँ-बाप से मिलो तो लगता है कि वह कितने बूढ़े हो चले हैं। उनके हाथ, कंधे, गर्दन और ख़ासकर उनकी आँखों के नीचे का अँधियारा! फिर एक रिरियाता हुआ-सा पुत्र-कर्तव्य जैसा कुछ जागता है, "मैं कम से कम उस अँधियारे को मिटा दूँगा।" अपने बिखरे पड़े वात्सल्य को समेटकर मैं उस अँधियारे को ज़ोर-ज़ोर से रगड़कर साफ़ करने लगता हूँ। हम कुछ भी बीता हुआ मिटा नहीं पाते हैं—ख़ासकर अँधियारा! हम इस ज़ोर-ज़बरदस्ती में उन्हें और ख़ुद को और तकलीफ़ पहुँचाते हैं।

समर्पण करते ही लगता है कि सब कुछ कितनी तेज़ी से बीता जा रहा है। इस बीते हुए में जब कुछ पंछी उड़ते नज़र आते हैं तो तय नहीं कर पाता हूँ कि मुझे वे उड़ते हुए सुंदर लग रहे हैं या जब वे बैठे हुए थे तब...

हम उन सबको मार देंगे जो हमारे जैसे नहीं हैं।

अगर सच में हम यही करना चाहते हैं तो कारणों की भरमार है। यह बिल्कुल वैसे ही है जैसे मैं जिस किसी भी व्यक्ति से आज तक मिला हूँ, वह यही कहता है कि मेरे पिता तो बहुत सीधे थे, रिश्तेदारों ने सब लूट लिया! पर मुझे आज तक वह व्यक्ति नहीं मिला जो यह कहे कि वह रिश्तेदार मैं था या मेरा बाप था। तब यूँ करते हैं कि सभी खलनायक रिश्तेदारों को मार देते हैं। है ना? इसके बाद जो बचे रह जाएँगे, वे बस हीरो होंगे—नायक। पर समस्या यही है कि हिंदू, मुस्लिम, ईसाई, यहूदी सब हीरो हैं—अपनी कहानी में... तब कैसे मारें उन सबको जो खलनायक हैं? हम सब एक-दूसरे के रिश्तेदार हैं। हज़ारों सालों की करोड़ों कहानियों में हम सभी नायक भी हैं और खलनायक भी, तो क्या एक-दूसरे की कहानियों को उद्धृत कर-करके हम सभी मारे जाएँगे? यक़ीनन!

और अगर अंत में ग़लती से सिर्फ़ नायक ही रह जाएँगे तो मैं इस बोरियत भरे एक रंग के संसार में सबसे पहले मरना पसंद करूँगा।

हवाई जहाज़ हमेशा विदेशी लगते थे—पहुँच से बाहर। रेलगाड़ी अपनी लगती थी। उसमें आशा भरी सीटी थी, कुल्हड़ की चाय थी। ट्रेनों को देखते ही लगता था कि ये ज़रूर हमें कहीं-न-कहीं पहुँचाएगी। ट्रेनें हमेशा भविष्य में जाती दिखतीं। जो ट्रेन हम नहीं पकड़ पाए उसके पीछे क्रॉस का निशान हमें सांत्वना देता कि यह हमारे लिए नहीं थी, हमारी रेल तो अभी आनी है। सबसे लंबी यात्रा की शुरुआत का पहला क़दम हमने ट्रेन में ही रखा था। झेलम एक्सप्रेस और पंजाब मेल मेरे लिए बहुत महत्वपूर्ण नाम हैं। मुझे हमेशा से ट्रेन की लय, माँ की हृदय-गति से मेल खाती लगती है। मैं जब भी इसमें यात्रा करता हूँ, गहरी नींद सोता हूँ।

गहरे अँधेरे में जाने कितने लोगों ने हार मान ली। अँधियारे के ख़िलाफ़ लड़ते-लड़ते पता ही नहीं चला कि कब वह एक रिसता हुआ नशा बन गया, जिसे हौले-हौले चाटने में हमने बहुत सारे जीवन गँवाए हैं। बहुत सारे कारणों के साथ कई लोग अँधेरे में ही रहने लगे। जो उन अँधेरों से गुज़रे हैं, वे समझते हैं कि उन अँधेरों से निकलने में माँस के चिथड़े शरीर से छिटककर गिरे थे—ख़ून में लिपटे हुए। एक रोशनी थी, आशा जैसी जो टनल के अंत में दिख रही थी। हम दौड़ नहीं पाए थे। हमें याद है कि वक़्त ने हमें बस रेंगने की जगह दी थी। बहुतों ने अँधेरों में अपने वंश, धर्म आदि बसा लिए... पर कुछ रेंगते रहे। रोशनी में पहुँचकर वही जी पाए जिनमें संयम था। संयम—अँधेरे पर उजाले की विजय का नहीं—संयम अँधेरे की क़द्र का और उजाले की रोशनी को पचाने का।

बहुत कठिन दिनों में वह जब भी आकाश देखता तो उसे लगता कि कोई तो है वहाँ। ठीक आकाश वह अपनापन नहीं देता जो उसके सफ़ेद बादल देते हैं, जिसमें कुछ चेहरे उसे नज़र आने लगते। कोई अपना उसे ठीक गिरने के पहले बचा लेता—हमेशा। कोई है जो गहरी नींद में मुस्कुराहट भरे सपने देता है। कोई तो है जो खोने नहीं देता। वह बना रहता है—धुँध में बह रही ख़ुशबू-सा—चुप और चंचल। इसलिए किसी भी छलाँग के पहले उसके भीतर कभी कोई शंका नहीं रहती। वह कूदता, ठोकर खाता और कुछ ही समय में सीधा खड़ा हो जाता। वह खड़े होते ही आसमान देखता... शायद वहाँ सफ़ेद बादलों में उसका स्कूल वाला पक्का दोस्त हो जो बेवजह मर गया था या वह प्रेमिका जिसके कारण उसे प्रेम शब्द के मायने समझ आए थे जो एक दुर्घटना में चल बसी थी या उसकी नानी या उसके पिता जिनके कंधे उसे हमेशा से बहुत मज़बूत लगते थे। नीले आकाश और सफ़ेद बादलों के बीच जब कभी उसे चील दिखती, तब उसे लगता कि यह संदेश है अपनों का कि 'हम हैं यहाँ' और वह फिर अगली छलाँग के लिए तैयार हो जाता। छलाँग लगाने के ठीक पहले जब वह गहरी साँस भीतर लेता और एक बार आसमान में देखता, तब उसे आसमान बहुत मनोहर लगता। मनोहर—उसके पिता के हाथ पर यह नाम गुदा हुआ था!

पहले शायद पूरी पृथ्वी एक ख़ाली मैदान होगी—हरा-भरा मैदान—खेलते-कूदते दिन गुज़र जाते होंगे। फिर दोस्त बढ़े, बहुत अपनापन लिए कुछ अपने... तब परिवार दिखने लगे। परिवारों की इच्छाएँ बढ़ीं तो घर दिखे। घरों की ज़रूरतों ने दीवारें कसीं, छतें नापीं। मिलकर खेलने के बजाय हम सबके अलग-अलग खेल हुए। हर खेल के अपने अलग नियम हुए। जब नियम आए तो उनका पालन भी हो, इसके लिए वज़ीर स्थापित हुए। यहाँ तक सब खेल था। इसके ठीक बाद जीत-हार के मनोरंजक क़िस्से गूँजे। देखते-देखते हार के राक्षस बने और जीत के भगवान। हार के राक्षसों ने बहुत दूर जाकर अपने अलग शहर बनाए और जीत के भगवानों को रहने के लिए बाक़ी लोगों से बड़ी जगह मिली। बाद में उस जगह को अलग-अलग नामों से पुकारा जाने लगा—मंदिर, मस्जिद, चर्च वग़ैरह-वग़ैरह। फिर एक दिन ऐसी ही किसी बड़ी जगह से आवाज़ आई कि बाक़ी लोग ग़लत खेल रहे हैं, सिर्फ़ हमारा खेल सही है और हमारी जीत का भगवान ही वह 'एक' है। इसके बाद अचानक खेल बहुत पीछे छूट गया। वह 'एक' कौन है... इसका सच ख़ून माँगने लगा। यह एकदम नया खेल था और इसमें कोई राक्षस नहीं था। इसमें सारे भगवान थे और सभी चीख़ रहे थे, "हम सही हैं।"

इसके आगे की दास्तान सभी जानते हैं।

शायद एक दिन इस पृथ्वी पर कोई घर नहीं बचेगा, बस खंडहर रह जाएँगे। तब हमें वह हरा-भरा मैदान बहुत याद आएगा जिसे हम पृथ्वी कहते थे। अगर उस वक़्त कोई आकर यह कहेगा कि अरे असल में पृथ्वी एक ख़ाली मैदान था... कोई देश, सीमा, तेरा-मेरा... कुछ नहीं था और सब खेलते-कूदते रहते थे... उस व्यक्ति को तुरंत मार दिया जाएगा।

बचपन के पुराने पीले पड़ गए एलबम, खिलौने, टूटे-फूटे सामान, मिट्टी के धँसते हुए घरों को देखता हूँ तो एक राहत-सी मिलती है कि ये सब हैं अभी भी हमारे आस-पास—खंडहर-से—हमारे बीते हुए के अवशेष। ऐसी चीज़ों को देखते ही मैं अक्सर अपने घुटने, कोहनी के आस-पास के छिले-कटे निशानों को सहलाने लगता हूँ। ये भरे-पूरे बचपन की कहानियों के अवशेष जैसे हैं, जो शरीर पर गुद गए थे। बड़े होने की एक छोटी पीड़ा यह भी है कि इस वक़्त की कहानियों के छिले-कटे के निशान, बाहरी नहीं भीतरी हैं। इन कहानियों के घुटने और कोहनियाँ नहीं होते, जिन्हें छूकर सहलाया जा सके।

बहुत गहरी लंबी रातों में जब नींद नहीं आती, तब एक कोरी स्लेट नज़र आती है। हर कुछ देर में बालकनी तक जाता हूँ, मानो नींद गमलों के आस-पास छूट गई हो। छूटा हुआ कुछ भी सोने नहीं देता है। मैं बहुत देर तक बालकनी में बैठा चाँद तकता हूँ। कुछ देर में अपना ही पुराना किया-धरा बेचैनी पैदा करता है। मैं भविष्य जैसी सुबहों को याद करता हूँ और आने वाली सुबह कोरी स्लेट पर चॉक के निशान को धब्बा माने बैठी है। चॉक का निशान एक कोशिश है, धब्बा नहीं। मैं ज़बरदस्ती कोरी स्लेट पर चॉक से नींद का 'न' लिखता हूँ, और तभी चाँद के ठीक बग़ल वाला तारा 'न' से 'ना' वाली कहानी शुरू करता है। मैं चॉक से लिखना शुरू करता हूँ—'ना'... ना, बालकनी घर नहीं है, घर अगर नींद है तो बालकनी उसका सपना है।

हम सबके कितने भेद हैं! हम इंसानों का बड़प्पन सब देखते हैं, पर हमारी शर्म सिर्फ़ हमें पता है जिसे हम देखना भी नहीं चाहते। कैसे हमने इस धरती पर अधिकतर प्रजातियों का नाम-ओ-निशान मिटा दिया, कैसे जंगल के जंगल हमने अपनी सुविधा में ख़त्म कर डाले, कैसे डरे हुए जानवरों को देखकर हमें रोना भी नहीं आता अब।

सुना है कि पहाड़ों पर बहुत पुराने देवदार या बूढ़े बरगद हुआ करते थे जिनकी खोखली जगह में अगर हम अपना रहस्य बुदबुदा दें तो वे रहस्य हमसे जुदा हो जाते थे। वे विशाल पेड़ उन्हें हमेशा के लिए अपने भीतर समा लेते थे और हमें माफ़ कर देते थे। हमने वे सारे पेड़ काट दिए और उन पेड़ों को क़ब्रनुमा घरों में बदल दिया। अब फटी हुई आँखों में अपनी शर्म को छुपाए हम बैठे रहते हैं। क्या अभी भी वक़्त बचा है? हमें अचानक नाख़ून बढ़ाते रहने का हमारा जानवर दिखाई देने लगता है। हम उसे धर्म की बोटियाँ खिला-खिलाकर सुलाए रखते हैं।

सब कहते हैं कि मैं बिल्कुल आपके जैसा दिखने लगा हूँ आजकल! मेरी झुर्रियों में आपका नाम नज़र आने लगा है। हम कब अपने माँ-बाप जैसे होने लगते हैं, हमें पता ही नहीं चलता!

आजकल कहीं भी चप्पलें एक के ऊपर एक दिखती हैं तो मैं ठीक कर देता हूँ। बाथरूम की लाइट बंद है कि नहीं, यह कई बार रात में उठकर देखता हूँ। चाय की चुस्की की आवाज़ अब अच्छी लगती है। ढूँढ़-ढूँढ़कर कश्मीर की ख़बर पढ़ता हूँ। बारामूला नाम सुनते ही तुरंत आईने में अपना चेहरा देखता हूँ। चेहरे पर आई नई रेखाओं को देर तक निहारता हूँ। पॉन्ड्स पाउडर को रूमाल में डालकर दिन भर सूँघता हूँ। हर बार लगता है कि पैरों के नीचे ज़मीन हिल रही है, मानो घर खड़ा है, पर नींव ग़ायब है। फ़ोन पर अभी भी नंबर 'पापा' नाम से सेव है, डॉयल करके देर तक घंटी सुनता हूँ।

“वजह ढूँढ़ने में कभी मत फँसना।” माँ ने बुदबुदाते हुए कहा।

“बिना वजह कैसे कुछ किया जा सकता है? कारण तो चाहिए ना!” बेटे ने अपने जीवन की समझ के तेवर में कहा।

“वजह बटोरना असल में ख़ाली वक़्त में जुगाली करना है, उसके लिए बुढ़ापा है ना। अगर मज़ा आ रहा है तो भूखे बच्चे की तरह हपहप कर खाओ, पर पेट न भरे... क्योंकि पेट भर गया तो क्यों खाया, क्या खाया की वजह बटोरने लगोगे। अगर मज़ा आ रहा है तो ऐसे खाओ कि भूख लगातार बनी रहे।” माँ के हाथ में किताब थी, वह यह कहकर वापिस पढ़ने लगी। बेटे के पेट में मरोड़ उठ रही थी। वह बाथरूम चला गया।

मैं अपनी माँ के लिए नए जूते खरीदकर लाया—नाइकी न्यू कलेक्शन। जूते कितने के हैं, यह अगर उन्हें पता लग जाए तो वह पहनेंगी ही नहीं। आज सुबह उन्होंने जूते निकाले, देर तक उन्हें देखती रहीं फिर चप्पल पहनकर बाहर जाने लगीं। मैंने कहा, "कहाँ जा रही हो?" बड़ी सहजता से उन्होंने कहा, "वॉक करने।"

"अरे तो जूते पहनकर जाओ ना..." मैंने अचरज जताते हुए कहा। माँ ने कहा कि वॉक करने में जूते गंदे हो जाएँगे। मैंने ज़बरदस्ती उन्हें जूते पहनाए। बहुत हिचकिचाहट थी, सीढ़ियाँ उतरते नहीं बन रही थीं, वह लड़खड़ा रही थीं। मैं दरवाज़े पर खड़ा उन्हें देख रहा था। वह एकदम पाँच-छह साल की बच्ची लग रही थीं। बार-बार सीढ़ियों की मुँडेर पकड़ लेतीं—डर के मारे। मैंने पूछा कि क्या हुआ? वह कहने लगीं कि स्कूल में छठी कक्षा में पहने थे जूते, अभी पैरों में बहुत गरम-गरम लग रहा है। उन्होंने कभी जूते नहीं पहने थे। मैं आश्चर्य से अपनी माँ को ऐसे देख रहा था, जैसे पहली बार देख रहा हूँ। मैं कुछ देर बाद बालकनी में उन्हें देखने गया तो देखा माँ नीचे खड़ी हैं। "क्या हुआ?" मैंने पूछा। उन्होंने कहा कि बहुत बंद-बंद लग रहा है। "चलो आदत लग जाएगी..." मैंने कहा। वह धीरे-धीरे चलने लगीं। बार-बार चलते वक़्त वह अपने जूतों को देखना चाहतीं कि चलते वक़्त उनके पैर कैसे लग रहे हैं और लड़खड़ा जातीं।

माँ को लड़खड़ाते देखने की मेरी हिम्मत नहीं थी, सो मैं अपने दड़बे में वापिस आ गया। कितना कुछ है जो हम अपने माँ-बाप के बारे में ही नहीं जानते हैं!

मेरे घर के नीचे वाला जो घर है, उसमें एक बूढ़ी स्त्री अकेले रहती हैं। जब भी उनके घर के पास से गुज़रता हूँ, वह मुझे किसी किताब के साथ अपनी बालकनी की आरामकुर्सी पर बैठी दिखती हैं। कभी-कभी मैंने उन्हें उनकी खिड़की से लकड़ी टेकते-टेकते नाचते हुए देखा है। मैं हँसते-मुस्कुराते निकल जाता हूँ। वह अकेले रहती हैं, पर पूरे वक़्त कुछ न कुछ करती दिखती हैं। उदासी उनके चहरे की झुर्रियों को छू भी नहीं पाई है।

मुझे ऐसा लगता है कि उनके घर में ढेरों कहानियाँ तैर रही होती हैं। कई बार मेरे घर का फ़र्श मुझे बहुत गर्म लगता है, बहुत संभव है कि यह उनकी कहानियों के टूटने-बिखरने की आँच हो। पतझड़ की शामों में मैंने इस बूढ़ी स्त्री को धीरे-धीरे लकड़ी टेकते हुए पत्ते बटोरते देखा है। बड़ी इच्छा होती है कि उनके घर में झाँककर देखूँ कि वह उन पत्तों का क्या करती हैं ? यह मैं जानता हूँ कि जब भी वह पत्ते बटोरती हैं, मेरे घर का फ़र्श अगली सुबह बहुत गर्म रहता है।

एक पतझड़ में रात को मेरी नींद खुल गई। पता नहीं क्यों मैंने अपने हाथों से फ़र्श को छुआ, वह एकदम ठंडा था—ज़रूरत से ज़्यादा ठंडा। मुझे कुछ घबराहट हुई और मैंने नीचे जाना तय किया। वक़्त देखा तो रात के तीन बज रहे थे। नीचे उनकी बालकनी पर पहुँचा तो खिड़की से क्या देखता हूँ कि भीतर कमरे में बहुत सारे पत्ते उड़ रहे हैं गोल-गोल। उन पत्तों के बीच में वह लेटी हुई हैं—ज़मीन पर नहीं—ज़मीन से काफ़ी ऊपर, हवा में। मैं डर गया। मैं जाने को हुआ तभी उनकी आवाज़ आई, ''मुझे बहुत प्यास लगी है।'' मैं उन्हें

एकटक देखता रहा। ''मैं पानी लाता हूँ।'' यह कहकर मैं जाने को हुआ तो उन्होंने कहा, ''तुम आजकल बाहर चिड़ियों के लिए पानी नहीं रखते! मैं प्यासी रह जाती हूँ।'' मैंने तुरंत च्यूंटी काटी कि यह सपना तो नहीं है? पर यह सपना नहीं था। सो मैंने हाँ में सिर हिलाया और तुरंत अपने घर भाग लिया।

सुबह नींद खुली तो देखा बालकनी पर एक लंगड़ी चिड़िया चहचहा रही है। मैं तुरंत उठा और उसके लिए पानी लाकर बालकनी की मुँडेर पर रख दिया।

मैं जब ख़ुद से झूठ बोलता हूँ तो इधर-उधर देखने लगता हूँ, आँखें बचाता हूँ... पर किससे? ख़ुद से? इस पूरे शरीर में 'मैं' कहाँ है, मैं जिससे बच रहा हूँ? वह 'मैं' ही तो है जिसने झूठ बोला है, फिर आँखें किससे बचना चाहती हैं? क्या कोई 'मैं' के साथ भीतर रहा आया है, जिससे 'मैं' बचे रहना चाहता है? इस बात पर अचानक मुझे हँसी आती है, जबकि मैं हँसना नहीं चाहता था, तो असल में हँसा कौन? यह सब इतना गड्डमड्ड क्यों हो जाता है? कौन है, जो सीधे-सरल को कठिन कर देता है?

मैं आईने के सामने सिर झुकाकर खड़ा हुआ और ख़ुद से कहा, "मैंने झूठ कहा। मुझे माफ़ कर दो।" इसके बाद जब सामने देखा तो बहुत दिनों बाद आँखों के नीचे पड़े काले गड्ढे साफ़ दिखने लगे। मेरी उम्र हो चली है। मुझे खुद को माफ़ करते चलना चाहिए।

ठंड के दिनों में सुबह ताँगे पर बैठकर स्कूल जाना, परीक्षा के दिनों में खेलने के आधे घंटे का सुख चुरा लेना, अपने घर के अँधेरे कोने में एक छोटा घर बनाकर घर-घर खेलना, लंबी दुपहरों में देर तक मुमताज़ भाई की पतंग की दुकान पर बैठे रहना—कबीट (फल) खाते हुए, रामलीला में डरते हुए ताड़का-वध देखना, नदी में लंबे गोते लगाकर दस पैसे का मिल जाना, एक कचौड़ी और थोड़ी-सी जलेबी के लिए कई दिन इंतज़ार करना, पड़े हुए पैसे मिल जाने के ख़्वाब देखना और फिर देर तक कल्पना में जीना कि उन्हें ख़र्च कैसे करूँगा, मज़ार पर जाकर अपने भगवान की बुराई करना, बहुत चालाक हो जाने की इच्छा रखना, बारिश को सूँघना और भीग जाना, बेंजो सीखना पर दिल में तबला बजाने के ख़्वाब देखना, बाहर जाना और वापिस घर कभी न आने की ज़िद पालना, दुपहर की कड़क धूप में कैंची साइकिल सीखना, पीपल-ईमली को छोड़ना और बरगद की छाया तलाशना, माँ के होने में माँ को खोजना, घर से निकलना और बार-बार घर वापिस आना... इन सबमें कहीं कविता है, पर कविता यह नहीं है। कविता हमेशा किसी के लिए होती है। निजी से निजी चीज़ भी किसी के लिए होती है। कई दिनों बाद शायद वह ख़ुद के पढ़ने के लिए भी हो सकती है, पर हमें अवचेतन में हमेशा यह पता होता है कि वह किसके लिए है।

यह जीवन असल में एक ख़त है—किसी के लिए। पूरा जी लेने के बाद हम चाहते हैं कि बुढ़ापे में एक दिन हम बरामदे में किसी बरगद की छाया तले बैठे हुए चाय पी रहे हों। हल्की मुलायम धूप हो और उस दिन काँपते हाथों से हम अपना जीवन जो एक ख़त-सा किसी लिफ़ाफ़े में है, उसे खोलें और उस किसी को वह ख़त पढ़कर सुनाएँ। उसे हमारा जीवन एक काल्पनिक कहानी लगेगा और हम उस कल्पना में—किसी जंगल में चलते हुए—उस कहानी के सारे झूठ उसके साथ फिर जी लेंगे।

आओ छुप जाते हैं—ख़ुश रहने के बहानों से, कोरे इंतज़ार से, वक़्त के रुकने और तेज़ भागने से, नींद से लंबी रातों से, ढेर सारे सपनों से, अपनी क्षणिक सफलताओं से, हमेशा ठीक दिखने की थकान से, अपेक्षाओं से, भागते रहने से, कमज़ोर क्षणों से, आईनों से, हार से, ईश्वर से, अच्छी बातों से, देश-प्रेम से, अपने हिंदू और मुसलमान होने से, तेरे-मेरे से, जीवन भर के प्रेम से और पहले प्यार से, तुम्हें पा लेने और छूट जाने से, रोने-रुलाने और फिर मान जाने से—चलो न छुप जाते हैं इस छुपने से और एक दिन मिल जाने से।

जब भी मेरे साथ कुछ बुरा होता है, मैं शांत चित्त से उसे चुपचाप सह लेता हूँ, और तुरंत उन आहों के बारे में सोचने लगता हूँ जिनका ज़िम्मेदार मैं था। मुझे बहुत दूर नहीं जाना होता है। आह आपके अपनों से ही निकलती है। मैं जाने-अनजाने बहुतों की पीड़ा का ज़िम्मेदार हूँ, पर उनमें से कुछ एक हैं जिनकी आह की आँच मैंने अपनी साँसों में महसूस की है। माँ कहती थी कि बेटा कभी किसी की आह मत लेना, किसी की भी आह ख़ाली नहीं जाती है। मैंने बहुत कोशिशें कीं, पर मैं उस दी हुई आह के शोक सिर झुकाकर सहता चलता हूँ। मैं माफ़ी नहीं चाहता हूँ। वह मेरा हक़ नहीं है। मैं इस पीड़ा को पूरा जी लेता हूँ। इस सहने में मैं बस एक ही प्रार्थना करता हूँ कि मेरे भीतर से कभी किसी के लिए आह न निकले। इस प्रार्थना के बाद एक तसल्ली घर कर जाती है। इस तसल्ली में ख़ुद को माफ़ कर देना, हरकत कर रहा होता है।

आज दीवाली है। बचपन में दीवाली कितनी महत्वपूर्ण होती थी! कश्मीर में स्कूल की लगभग दो महीने की छुट्‌टी होती थी। पिता बहुत सारे पटाखे लाते थे। पटाखों की आवाज़ से मैं रोता था। मुझे फुलझड़ी, अनार और साँप ही सही लगते थे। बहुत दिनों तक अपने छोटे पटाखे बचाए रखना मुझे बहुत अच्छा लगता था। फिर होशंगाबाद की रामलीला। हम ख़ुद अपनी रामलीला खेलते थे मोहल्ले में—दुपहर में। कोई देखने वाला नहीं होता था। बस हम कुछ चार-पाँच दोस्त मिलकर मोहल्ले की ख़ाली जगह पर चार चुनरी से स्टेज बनाकर शुरू हो जाते! राजू और छोटू हमारे पड़ोसी थे—पंडित—उन्हें पूरी रामलीला ज़बानी रटी थी तो ज़ाहिर है कि राम और लक्ष्मण वही दोनों बनते थे। मेरा बड़ा भाई भरत और मुझे हमेशा शत्रुघ्न बनना पड़ता था। शत्रुघ्न की कोई भूमिका नहीं होती थी। मैं बस धनुष-बाण लिए कभी राम तो कभी भरत के आगे-पीछे घूमता रहता था। फिर हम शाम को ग्राउंड पर कुंभकरण वध, रावण वध देखने जाते थे। मुझे सबसे ज़्यादा मज़ा आता था अपने दोस्तों को राम की वानर-सेना या रावण की काले मुँह वाली सेना में पहचानने में। सारे काले बच्चे रावण की सेना में और सारे गोरे बच्चे राम की सेना में होते थे। उस वक़्त यह बात कभी अखरती नहीं थी, पर आज इसे लिखते हुए भी अजीब लग रहा है। अजीब है कि राम की सेना बंदरों की होती थी—गोरे बंदर, जबकि बंदर तो काले भी हो सकते थे। रावण तो प्रकांड पंडित था। उसकी सेना में गोरे बच्चे ज़्यादा सही लगते, पर बुरा आदमी गोरा कैसे हो सकता है! अजीब था यह सब। मैं कुछ दोस्तों को पहचान लेता तो

नाम से चिल्लाता और वह सब अपना मुँह छुपाते फिरते। रावण की सेना के बच्चों को पूरे साल चिढ़ाया जाता। राम के बंदरों को कोई कुछ नहीं कहता। आज कभी-कभी सोचता हूँ कि हेमंत, निखिल, हेमराज, पटवा, राजू, मनीष, बंटी, विक्की कहाँ होंगे! जीवन की किस जिद्दोजहद में व्यस्त होंगे? पर आज सभी दीवाली पर नए कपड़ों में होंगे, ख़ुश होंगे। मुझे अब बहुत तकलीफ़ होती है, जब लोग पटाखे जलाते हैं। How insensitive we are! We share this planet with such beautiful animals, birds, trees! How sensitive they are! और हम उनके बग़ल में बम फोड़ देते हैं। इन त्योहारों से मेरा मन भर गया है। अब यह सब ऊबा देता है, बल्कि तकलीफ़ से भर देता है। अभी-अभी पूड़ियाँ बनाई थीं। ख़ूब इच्छा हो रही थी पूड़ी खाने की। अब गोल पूड़ियाँ नहीं बनती हैं। बहुत दिनों बाद बनाई थीं सो वे फूली भी नहीं। पर इस दीवाली में, इस शांति में उनका स्वाद ठीक था।

कुछ भी अच्छा होता है तो घबराहट होने लगती है। मैं एकदम असहज हो जाता हूँ। लो अब तो सब कुछ अच्छा हो रहा है, अब क्या करेंगे? क्योंकि तकलीफ़ें तो अकेले ही झेली हैं, तब कोई नहीं होता था और यह बात ठीक भी लगती थी कि कोई नहीं है। पर जब ख़ुशी आती है तो क्या करना चाहिए?

मैं एक जगह बैठ नहीं पाता हूँ। अपने दोस्तों को फ़ोन करके इधर-उधर की बातें करता हूँ। कल एक दोस्त ने पूछ लिया, "तू ठीक तो है न?" मुझे याद है कि मेरे मुँह से बड़ी दयनीय आवाज़ में निकला, "मैं बहुत ख़ुश हूँ यार!" मैं सच कह रहा था, पर इससे ज़्यादा झूठ सुनाई देने वाला वाक्य मेरे मुँह से कभी नहीं निकला था। कुछ देर चुप्पी रही, फिर हम दोनों बहुत हँसे। मुझे याद है जब हमारे घर में पहली बार फ्रिज आया था तो ठंडे पानी से सबके गले ख़राब हो गए थे। फ्रिज का क्या करें? यह महीनों तक समझ नहीं आया था। बस हम सब उसे किसी बहाने से छूते रहते थे, जब उँगलियों के दाग़ लग जाते तो दाग़ साफ़ करने के बहाने से छूते थे। क्या हम ख़ुशी को छू सकते हैं? अपने डरों को एक कपड़ा लेकर साफ़ कर सकते हैं?

मैंने एक दिन माँ से कहा था, "मैं बंबई जा रहा हूँ।"

वह हँसने लगी थीं। उन्होंने पूछा, "क्या करेगा वहाँ जाकर?" मेरे पास इसका कोई जवाब नहीं था। माँ ने मुझे अपने पास बिठाया और वह मेरा हाथ देखने लगीं। उनके मुँह से 'अरे...' निकला। वह दुपहर का वक़्त था। हम बरामदे में हल्की ठंड में गुलाबी धूप सेंक रहे थे। मैं माँ के 'अरे...' में अपने भविष्य की कठिनाइयाँ सूँघ रहा था। कुछ देर की चुप्पी के बाद माँ ने कहा, "तेरे हाथ में भाग्य-रेखा तो है ही नहीं, बेटा बहुत रगड़ना पड़ेगा!" मैं उसी वक़्त अपने हाथों को ज़ोर-ज़ोर से रगड़ने लगा। उन्होंने कहा, "हाथों को रगड़ने से नहीं होगा, जीवन में बहुत मेहनत है। पर एक अच्छी बात भी है।" मैंने तुरंत कहा, "क्या?" वह बोलीं, "अच्छी बात यह है कि तेरे हाथ मज़दूरों के हाथ हैं।" मैंने देखा माँ के कंधे पर एक तितली आकर बैठ गई थी। मैं सोचने लगा कि क्या इस तितली को अपना कैटरपिलर होना याद होगा? क्या चिड़िया कभी अपने हाथों में अपना भाग्य तलाशती होगी?

मैंने अपने कंधे झटके और अगले दिन मैं जा चुका था।

इतना आसान कहाँ है मन का करना! बहुत सारे प्रलोभन छोड़ने पड़ते हैं। बहुत से अपनों को नाराज़ करना होता है। कुछ तो हमेशा के लिए साथ छोड़ जाते हैं। कितना अजीब है कि एक जीवन मिला है जो समझ ही बहुत देर में आता है! फिर मन एक मैली क़मीज़ हुआ ख़ुद से कहता है कि मैला ही रहना है, पर हर कोई आपको अच्छी नसीहत के कमाल, ख़ुशबूदार साबुन बेचने में लगा हुआ होता है। कोई हारने नहीं देता, जीतते रहने की थकान का अंत नज़र नहीं आता। कुछ भी समझ में नहीं आता। फिर कहीं भी उगा हुआ एक पेड़ दिखता है और अचानक सब कुछ सही लगने लगता है।

आसान, कठिन है और कठिन है आसान के चौराहे पर टिके रहना। जैसे भीड़ में अकेला महसूस करना सरल, पर अकेले में अकेले रहना कठिन। जैसे कहते रहना सरल और कर देना कठिन। जैसे रात भर जागना सरल और छककर सोना कठिन। जैसे कई बार ज़िंदगी छोटी लगती है, पर उसमें शाम का बीतना कठिन। जैसे गुरु सरल हैं, पर चेले कठिन। जैसे दुख का होना सरल, पर दुख का न होना कठिन। जैसे दूसरों से नफ़रत सरल, पर अपने साथ रहना कठिन। जैसे प्रेम में डूबकर मरना सरल, पर उसमें बहते रहना कठिन। जैसे ऐसा सारा लिखना सरल, पर जीना कठिन।

साल दर साल बीतेंगे और वह धुँधले होते जाएँगे। वक़्त परत-दर-परत उनको दफ़्न करता जाएगा—उनके चौड़े कंधे, भारी हाथ जिस पर मनोहर गुदा हुआ था। वह दूर किसी पहाड़ पर हाथ हिलाते दिखेंगे कभी। अभी मेरा सारा कुछ यह मानने को तैयार नहीं है। समय के विरुद्ध उनको भीतर बचाए रखने की लड़ाई कितनी थका देने वाली है! अब अफ़सोस उनके जाने का उतना नहीं है, जितना उनको बचाकर रखने का है। क्या कुछ रोका नहीं जा सकता है? अभी उनका स्पर्श मैं अपने माथे पर चख सकता हूँ। उनकी चुभती हुई दाढ़ी अपने गालों पर रगड़ सकता हूँ। पर वे पूरे पास नहीं हैं, हिस्सों और घटनाओं में बँटे हुए हैं। जैसे दरख़्त नहीं है, पर उसके पत्ते चारों तरफ़ बिखरे पड़े हैं। क्या कुछ पत्तों को घर नहीं लाया जा सकता? क्या कश्मीर मेरी अलमारी में नहीं आ सकता?

हमारे अच्छे समय में हमने एक पौधा लगाया था। जब रात गहरी हो जाती, वह पौधा सपनों में चला आता। जैसे-जैसे वह पौधा बढ़ता गया, उसका दख़ल हमारे कहने-रहने-सहने में दिखने लगा। हमने उस पौधे का नाम 'ख़्वाब' रख दिया। कब बोया था वह ख़्वाब हमने? उसकी तारीख़-वक़्त अब कुछ याद नहीं। वह अमरबेल-सा हमारे होने पर छा चुका था। अब हालात ये थे कि अपने ख़्वाब को काटने-छाँटने के बाद ही कहीं हम ख़ुद से मिल पाते थे। हमें पता ही नहीं चला कब हमारा ही बोया हुआ ख़्वाब इतना बड़ा हो गया कि हम उसकी छाया तले मुरझाने लगे। एक दिन जीवन हमसे मिलने आया, वह हमारे बचपन का सखा था। सखा क्या? वह हमारा बचपन था, पर जीवन हमें हमारे ही घर में खोजता रहा और हम अपने ख़्वाबों के नशे में बेहोश पड़े थे।

जब भी माँ अपने जीवन के बारे में बात करती हैं तो लगता है कि वह टॉलस्टॉय का कोई उपन्यास है। वह इस तरह कहीं से शुरू होता है और कैसी-कैसी परिस्थितियों से गुज़रता है कि लगता है माँ कई लोगों के जीवन एक साथ सुना रही हैं। आज भी मैं कई क़िस्से, पूरी तरह नहीं सुन पाया हूँ। जिन पात्रों को वह यूँ ही बयाँ कर देती हैं, उन पात्रों के भी अपने अलग उपन्यास हैं।

माँ के जीवन में कई बार आँधी आई, बाढ़ आई और वह हर बार अंत में किनारे पर पहुँच गई। हर बार किसी नए शहर में, नए सिरे से फिर-फिर जीवन शुरू किया। शायद हम सबकी माँओं का जीवन बहुत उठा-पटक से भरा हुआ है।

मुझे अचानक लगने लगता है कि मैं किसी ऊँचे-विशाल पहाड़ के सामने खड़ा हूँ और उस पहाड़ से चिड़िया और चील से लेकर बीज और दरख़्त सबकी आवाज़ें सुनाई देती हैं। उस पहाड़ के सामने सारा कुछ एकदम छोटा लगता है—ख़ासकर ख़ुद का जिया हुआ यानी हमारे ओढ़े हुए दुख, हमारे सपने, हमारी ज़िद, वग़ैरह-वग़ैरह।

"हम सब यूँ ही व्यर्थ में नहीं जी रहे हैं।" इस वाक्य को हम कभी पचा नहीं पाए। यह हम कभी मान ही नहीं पाए कि हम सब असल में यूँ ही जी रहे हैं और इसके पीछे कोई बहुत भारी मक़सद नहीं है। हमारा सारा अहंकार और ग़ुस्सा इसी बात से उपजता है कि हम सब एक दिन यूँ ही चले जाएँगे और किसी को कोई फ़र्क़ नहीं पड़ेगा। पर असल में देखा जाए तो यह जीना सबसे बेहतरीन है कि आपके जीने का किसी पर बहुत फ़र्क़ नहीं पड़ा। आप जिस कोमलता से आए, उसी शांति से चले गए। आपने नेचर को अगर कुछ दिया नहीं तो कुछ छीना भी नहीं। हम बचे रह जाना चाहते हैं—मरने के बाद भी, जबकि हमारे होने या न होने में नेचर की कोई दिलचस्पी नहीं है। ठीक इसी बात पर हम उसे ख़त्म करना चाहते हैं। जैसे पिंजरे में बैठे शेर को कुछ देर बाद लोग पत्थर मारने लगते हैं, क्योंकि वे उसे देखने आए हैं, पर शेर की उनके वहाँ होने में कोई दिलचस्पी नहीं है।

कई बार हम दुखी होते हैं और बहुत देर बाद पता चलता है कि यह दुख तो पुराना है। हम बार-बार वही दुख जी रहे हैं। और, छोटे दुख इतना दुखी करने लगते हैं कि बड़े दुखों को भोगना लंबे समय तक स्थगित बना रहता है। ऐसे में बड़े दुख घर के दरवाज़ों के बाहर प्रतीक्षा में बैठे रहते हैं। हम दुखी होते ही घर से निकलना बंद कर देते हैं ताकि घर की चौखट पर ही नए दुख न दबोच लें। मुझे लगता है हमें अपने दुखों को नाम दे देना चाहिए, ताकि एक दुख दूसरे दुख को और दुखी न करे, और हर पीड़ा के पीछे कौन-सा दुख है, इसे जानना आसान हो जाए। और नाम भी जैसे—अगर किसी बड़े दुख का नाम 'पराया' है तो उस दुख की तीव्रता उसे पुकारते ही ख़त्म हो जाएगी कि 'अरे ये तो पराया दुख है।' किसी दुख को अगर आपने 'रत्ती' कहा, तो वो रत्ती भर दुख देकर चला जाएगा। और कुछ दुखों को अगर बहुत स्नेह से 'अपना' कह दिया तो देख लेना वो मुस्कुरा देंगे।

उसने कसकर पत्थर मारे और खिड़कियाँ तोड़ दीं। वह सपने तोड़ने निकली थी। अब दीवारें थीं और ख़ूब सारी ख़ाली जगह। दीवारों के बीच अब जो खिड़कियों की ख़ाली जगह छूट गई थी, उसने अपना बिस्तर वहाँ फँसा दिया था—आधा बाहर, आधा अंदर। अब वह उन सपनों को देखना चाहती थी जिनका उसके अतीत से कोई संबंध नहीं था। कैसे होते होंगे वे सपने जो महज़ आज से संबंध रखते हों? अभी के सपने? वह लेट गई। अब, अब अपनों की अच्छी नसीहतों की छत उसे नहीं दिख रही थी। वह तारों से भरा आसमान देख सकती थी। उसने आँखें बंद कर लीं। उसके हाथ में एक चॉक और डस्टर था। सपने के आते ही उसने उसे मिटा दिया और फिर चॉक से एक शहर बनाया जहाँ वह कभी नहीं गई थी, पेड़ बनाए जिनके नाम वह नहीं जानती थी, लोग बनाए जो बिना उसका नाम पूछे उससे बात कर रहे थे।

मैंने बहुत प्रयत्न किए। मैं अपने पूरे बचपन में जैसे भी हो एक बार सही, मैं बेताल (फैंटम, चलता-फिरता प्रेत) बनना चाहता था। कसी हुई पैंट के ऊपर चड्ढी पहनकर मैं कई बार अपने क्लास के दुश्मनों के सामने अचानक प्रकट हो जाया करता था, पर हर बार वे हँसते। मैं उन्हें यक़ीन दिलाने के लिए बहुत देर तक ढिशुम-ढिशुम करता पर अंत में मैं पिटता हुआ पाया जाता। मुझे हमेशा लगता था कि मेरे पास एक सुपर पावर है, अगर मैं बेताल नहीं हूँ तो शायद मैं ग़ायब हो सकता हूँ या उड़ सकता हूँ, नहीं तो कम से कम अपनी आँखों से चम्मच तो मोड़ ही सकता हूँ। पर बड़े होते-होते समझ आया कि मैं ऐसा कुछ भी नहीं कर सकता हूँ। फिर लगा अगर मेरे पास सुपर पावर नहीं है तो शायद मैं उससे टकरा जाऊँ जिसके पास सुपर पावर हों। क्या भरोसा शायद मैं अचानक एक दिन बेताल से टकरा जाऊँ। मैं मिलते ही उससे कहूँगा, "फैंटम भाई आप मेरे पक्के दोस्त हो जाओ!" पर वह भी कभी नहीं मिला।

अब आजकल हवाई जहाज़ से उड़ने में भी बोरियत होती है। जहाँ जाता हूँ, सबको दिखाई देता हूँ। घर की चम्मचों को मैंने ख़रीदते वक़्त ही थोड़ा-सा मोड़ दिया था।

इस सबके बावजूद आज भी जब थक-हारकर अपने बिस्तरे के कोने में दुबका होता हूँ, तब देर रात एक सफ़ेद घोड़े की टाप सुनाई देने लगती है, शेरू भौंकने लगता है और कान के पास एक प्रेत आकर कहता है, "चल उठ, फैंटम है तू!" और मैं ख़ुश हो जाता हूँ।

***